임대사업 쉬워진다

임대사업
쉬워진다

● 회계농부 지음 ●

화담

들어가며

안녕하세요. 회계농부입니다.

세금 하면 실생활과 관련성이 매우 높은 것임에도 막연한 부분이 굉장히 많으실 겁니다. 저 역시도 과거 부동산을 처음 알아가던 시절, 부동산 세금에 대한 답답함과 정리되지 않는 내용에 많은 부담을 느꼈었습니다. 후에 회계사로서 이름만 대면 알 만한 대기업부터 동네의 작은 개인사업자까지 함께 일하게 되었는데, 이때 정보의 비대칭을 경험하게 되어 이 책을 계획하게 되었습니다. 대기업은 세법전과 각종 판례에 따라 적절한 조언을 받아가며 일을 처리하는 반면에, 개인은 출처가 불분명한 "카더라통신"을 기초로 일을 처리하는 경향이 자주 목격되었습니다. "카더라통신"은 어찌나 많은 환상들을 만들어냈는지 세법전과 판례들은 시시한 것으로 여기고 스스로도 알지 못하는 사이에 탈세를 자행하며, 절세라는 단어를 마치 신비한 비법처럼 여겨, 그런 단어를 뱉어내는 사람들의 유혹에 넘어가 스스로를 손실의 사슬에 묶어냅니다. 탈세가 아닌 이상 절세는 세법에서 당연히 인정하는 선택 가능한 대안이기 때문에 신비한 비법이 아니라 당연한 권리인 것입니다. 그 권리를 누리기 위한 최소한의 지식은 편하지는 않아도 어렵지 않습니다.

세법을 관통하는 줄기를 잡으면 됩니다. 그 줄기는 아주 작은 것이라도 상관없습니다. 줄기를 잡게 되면, 이것을 기준 삼아 배움을 넓혀갈 수도 있고 독자 여러분 주변의 세무 전문가 분들에게 적절한 조언을 얻어 효율을 극대화시킬 수 있습니다.

그래서 이 책의 목표는
"알기 쉽게, 계획하기 쉽게, 따라하기 쉽게"입니다.

이 책은 위의 목적에 맞추어 대상을 임대사업자로 한정하였으며 취득에서 부터 처분까지 임대사업을 하면서 발생하는 세무일정에 따라 기록하였습니다. 또한, 발생가능성이 작은 부분은 과감히 생략(기록하자면 양이 급격히 늘어나고, 직접 시간을 들여 배우기에는 효율성이 낮은 것들-세법전을 만드는 것이 아님)하였습니다.

많은 사람들이 파레토 법칙을 잘 알고 계실 것입니다. 전체 결과의 80%가 소수의 원인인 20%에서 일어나는 현상을 가리키는 말입니다. 세무 문제도 기본줄기인 20%로 대부분인 80%가 해결 가능합니다. 현대인으로 세금문제를 피할 수 없다면 줄기만 잡고 당신의 시간을 더욱 귀중한 곳에 쓰시길 바랍니다.

이 책이 임대사업자와 예비임대사업자중 한 분에게라도 기둥을 잡아주는 주춧돌 역할을 해준다면, 책 작업에 들어간 시간이 오래도록 좋은 기억으로 간직될 것입니다.

감사합니다.
회계농부 드림

차례

임대사업자와 세법의 관계

대한민국에서 많은 사람이 임대사업자를 꿈꾼다. 높은 관심만큼 더 이상 임대사업자는 부유한 자들만의 고유영역이 아니다. 재테크에 관심 있는 많은 사람은 이미 많은 시간과 돈을 들여 강의를 듣고, 책을 읽고, 스터디 멤버를 조직하여 공부하고 있다. 2000년대 이후 많은 일반 직장인들도 부동산 경매에 관심을 갖기 시작했다. 그에 발맞추어 각종 사이트, 카페들이 우후죽순으로 생겨나 정보를 공유하고 있지만, 세금문제 만큼은 여전히 쉽게 접근하지 못하는 부분으로 남아 있다.

자신은 단칸방 전세를 겨우 얻어 살고 있지만, 미래를 위해 집을 포기하고 조그마한 상가를 구입해 임대사업을 시작한 당신, 세금 문제는 어떻게 할 것인가? 이제 막 월 30만원의 임대료 수입이 발생하기 시작했다면, 당장 세무 사무실로 달려갈 것인가? 물론, 당신의 시간과 노력을 줄일 수 있으니 그것이 이득일 수 있다. 하지만 아직 관리할 일이 많지 않다면 이 책과 함께 임대사업과 세무의 기본줄기를 잡아보도록 하자.

본서는 얇음에도 임대사업자 세무의 대부분을 담고 있다. 그럼에도 많은 분들이 세금에 대해 어렵게 생각하는 이유는 여러 세금이 연결되어 있어 기준을 세우기 어렵고, 또 금방 잃어버려 기억나지 않기 때문일 것이다.

세금(조세)은 국세 지방세로 내국세, 관세, 보통세 등으로 나누고 거기서 법인세, 소득세, 부가세 등등으로 나누어지며 분류만으로도 지치게 된다.

본서는 임대사업자와 관련된 세금인 소득세, 부가세, 종합부동산세, 취득세 등을 각 세법별로 시간의 흐름에 따라 임대사업자에게 요구하는 내용을 설명하여, 책 내용에 대한 이해의 증가뿐만 아니라, 책에 나오지 않는 특수한 내용에 대하여 필요한 정보 습득에 대한 기준을 마련하고자 한다.

▶ 임대사업자와 관련된 세법에는 무엇이 있는가?

소득세	개인이 얻은 소득에 대하여 그 개인에게 부과되는 조세로 원칙적으로 소득의 종류에 관계없이 일정한 기간을 단위로 합산하여 과세하는 방식
부가세	모든 거래단계에서 창출한 부가가치에 대하여 과세하는 것으로 다단계 일반소비세
종합부동산세	고액의 부동산 보유자에 대하여 종합부동산세를 부과하여 조세부담의 형평성과 부동산 가격안정을 도모하기 위한 것
취등록세	지방세로 일정한 자산의 취득자에게 부과하는 세금
재산세	지방세로 일정한 자산의 보유자에게 부과하는 세금
지방소득세	국세 외에 지방자치단체에서 부과하는 소득에 대하여 부과하는 세금

▶ 납세의무의 확정과 납부

납세의무를 확정하는 방식으로 신고납세제도와 정부부과제도가 있다. 신고납부제도는 원칙적으로 납세의무자의 과세표준신고에 의해 납세의무가 확정되는 방식으로 소득세, 부가세, 종합부동산세(예외적인 경우)가 있으며, 정부부과제도는 정부의 부과처분에 의해 납세의무가 확정되는 방식으로 상속증여세, 종합부동산세가 있다. 지방세인 취등록세는 신고납부, 재산세는 부과징수(납세고지서 발급)한다.

신고납세제도에 해당하는 세금은 소득세, 부가세 등으로 본인이 신고하고 납부까지 하여야 하는 것이다. 주의할 것은 신고와 납부가 이루어졌다고 신고가 정확하다거나 향후 문제가 되지 않음을 의미하지 않는다. 즉, 신고납부 의무를 이행했다는 것은 시험을 치루고 답지를 제출하고 나왔다는 의미와 같다. 향후 신고내역을 검토하여 문제가 있는 부분에 대해서 세금을 추징할 뿐만 아니라 가산세까지 부과된다.

IT의 발전으로 인해 과거 그 어느 때보다 과세절차가 투명해지고 있다. 해가 갈수록 세금관련 각종 탈세, 비리 관련기사들이 많아지는 것도 투명도가 높아지기 때문에 과거엔 알려지지 않았던 부분도 노출되기 때문이라고 생각한다. 과거 고속버스 의자 뒤에 담배 재떨이가 있었다. 그때 그곳에서 담배 피우시던 분들도 이제는 그런 과감한 행동을 하지 않는다. 그런데 세금문제에 대해서는 아직도 시대변화를 알지 못하고 과감한 행동들을 하며, 그것이 마치 자신의 능력이라고 생각하는 분들이 많다.

변화하는 환경 속에 스스로의 기준을 세우는 것은 매우 중요한 일이며, 이 책이 기준을 만드는 데 도움이 되길 바란다.

Ⅰ.
임대물건의 취득과
사업자 등록

1. 취득세

취득세란 일정한 자산의 취득에 대하여 그 취득자에게 과세하는 세금이다. 일정한 자산의 범위에 부동산이 포함되기 때문에 주택이나 상가, 토지를 구입하는 경우에 취득세가 발생한다(그외 일정한 자산에는 차량, 항공기, 골프회원권 등이 포함된다). 주택을 취득하는 경우에는 1.1% ~ 3.5%, 상가 취득시에는 4.6%를 취득세로 납부하여야 한다. 세부적인 내역은 다음과 같다.

1) 주거용 건물을 유상으로 취득한 경우 취득세

구분		취득세	농특세	지방교육세	합계
거래가액	전용면적				
6억 이하	85㎡ 이하	1.00%	–	0.10%	1.10%
	85㎡ 초과		0.20%		1.30%
6억 초과 9억 이하	85㎡ 이하	2.00%	–	0.20%	2.20%
	85㎡ 초과		0.20%		2.40%
9억 초과	85㎡ 이하	3.00%	–	0.30%	3.30%
	85㎡ 초과		0.20%		3.50%

2) 주택 매매 이외의 취득세율

구분	주택외 매매	신축, 상속	증여
취득세	4.00%	2.80%	3.50%
농특세	0.20%	0.20%	2.00%
지방교육세	0.40%	0.16%	0.30%
합계	4.60%	3.16%	5.80%

3) 취득세 신고

취득세는 취득한 날부터 60일 이내에 신고 납부하여야 한다. 자금에 여유가 없다면 60일 뒤에 납부할 수 있지만, 취득세 납부영수증이 있어야 부동산 소유권이전 등기가 가능하기 때문에 대부분 잔금을 지급하는 날 취득세 신고 및 납부를 완료한다. 부동산 취득 시 대부분은 법무사의 도움을 받기 때문에 취득세에 대한 신고 납부의 방법을 아는 것보다, 향후 양도세 또는 필요경비 지출증빙으로 사용하기 위해 납세확인서 및 법무사, 공인중개사에게 세금계산서 등(증빙)을 정확히 받아두는 것이 더욱 중요하다.

부동산을 취득할 때, 금융기관의 대출을 받는 경우 금융기관에서 담보권설정 등의 문제로 취득자 본인이 등기하는 것을 허용하지 않는 경우가 많기 때문에 법무사를 이용하게 된다. 하지만 요즘은 셀프 등기라 하여 스스로 등기하는 경우가 있는데, 연세가 있고 등기에 대한 경험이 전혀 없는 필자의 가까운 지인은 생애 처음으로 경매 받은 물건에 대한 소유권 등기를 직접 하였을 정도이니 시간적 여유가 된다면 셀프 등기도 충분히 해볼 만한 작업이다.

취득세 납부방법은 위텍스 홈페이지를 이용하는 방법과 은행에서 납부하는 방법이 있다. 등기를 위해 은행에서 채권을 매입하여야 하기도 하고, 처음 등기를 하는 경우 세무과에서 서식작성 등에 대한 도움도 받을 수 있기 때문에 직접 방문하는 방식을 추천하며 다음과 같이 서류를 작성 및 첨부하면 된다.

- 취득세 신고서 및 감면신청서 작성.
- 부동산거래계약신고필증 과 매매계약서 첨부.
- 시·군·구청 세무과에 첨부서류와 같이 제출.

(제출 전에 취득세 감면 가능한 사항이 있는지 담당 공무원에게 살짝 질문해 보도록 하자.)

4) 주택임대사업자와 취득세 혜택

다음의 요건에 해당하는 자가 관할 시·군·구청에 임대사업 등록을 한 후 사업자 등록을 하는 경우에는 취득세가 면제된다.

취득세 면제 요건
- 4년 이상 임대(2015.12.29 시행)
- 임대용 부동산의 취득일로부터 60일 이내에 사업자 등록
- 공동주택 또는 준주택 중 오피스텔을 최초로 분양 받은 것
- 60m^2 이하

임대기간을 조건을 지키지 못한 경우 감면된 취득세는 추징된다. 다만, 부도 및 파산 등의 사유로 임대를 계속할 수 없는 경우에는 시장·군수·구청장에게 허가를 받아 양도할 수 있다.

임대사업을 등록하는 경우 세법상 각종의무를 이행하여야 하며, 소득관리가 되기 때문에 유리한 점만 존재하지 않는다. 따라서, 단순히 취득세를 감면받기 위해 임대사업자를 등록할 것이 아니라 다른 세법도 종합적으로 판단하여 고려하여야 한다(주택임대사업자와 관련된 세금혜택은 "Ⅶ. 기타"에 종합적으로 정리되어 있다.)

🏠 실전 예제 1

A 씨는 과거 자신이 지내던 대학가 주변의 12평 원룸을 경매로 1억 2천만원에 낙찰 받았다. 이 경우 부담하게 될 취득세는 얼마인가?

답변 : 취득세 : 1.1% × 120,000,000 = 1,320,000원이다.

구분	적용세율
취득세	1.00%
농특세	면제
지방교육세	0.10%
합계	1.10%

일반 매매와 경매로 인한 취득은 모두 동일한 취득세가 발생한다. 따라서 6억원 이하 전용면적 85㎡ 이하에 해당하여 1.1%의 취득세가 부과된다.

🏠 실전 예제 2

B 씨는 투자목적으로 문정역 주변 오피스텔을 취득하여 주거용으로 임대하고자 한다. 예상매매가격은 2억 2천만 원이다. 이 경우 B씨가 납부해야 할 취득세는 얼마인가?

답변 : 취득세 : 4.6% × 220,000,000 = 10,120,000원이다.

구분	적용세율
취득세	4.00%
농특세	0.20%
지방교육세	0.40%
합계	4.60%

위의 실전 예제에 따른 취득세 신고서 작성은 다음과 같이
하면 된다.

세 목		과세표준액	세율	① 산출세액	감면세액	신고세액합계 (①-②-③+④)
합 계						10,120,000
취득세동	취득세 신고세액	220,000,000	4 %	8,800,000		8,800,000
	지방교육세 신고세액		0.4 %	880,000		880,000
	농어촌특별세 신고세액 (취득세) 부과분		0.2 %	440,000		440,000
	감면분		%			

오피스텔의 경우 사용목적이 무엇인지에 관계없이 취득
시에 주택으로 보지 않기 때문에 4.6%의 취득세율이 적용된
다. 주택일 경우의 1.3%, 2,860,000원보다 3배 이상 많기 때
문에 취득세에 대한 부담이 클 수밖에 없다. 그래서 오피스
텔의 최초 분양시에 건설사들이 취득세를 지원한다고 광고
하는 경우가 있다. 하지만 말이 지원이지 분양 가격에 이미
반영되어 있는 것이기 때문에 현혹되지 않도록 한다. 따라서
오피스텔을 최초 분양받는 경우에는 취득세 절세를 위해 앞

에서 언급한 임대사업자 감면을 고려해볼 필요가 있다.

〈양식 : 취득세 신고서〉

■ 지방세법 시행규칙 [별지 제3호서식] 〈개정 2014.8.8〉

취득세 ([ ]기한 내 / [ ]기한 후]) 신고서

(앞쪽)

관리번호		접수 일자		처리기간	즉시

신고인	취득자 (신고자)	성명(법인명)		생년월일(법인등록번호)	
		주소		전화번호	
	전 소유자	성명(법인명)		생년월일(법인등록번호)	
		주소		전화번호	

매도자와의 관계	□ 배우자 또는 직계존비속	□ 기타

취 득 물 건 내 역

소재지						
취득물건	취득일	면적	종류(지목/차종)	용도	취득 원인	취득가액

세목		과세표준액	세율	① 산출 세액	② 감면 세액	③ 기납부 세 액	가산세				신고세액 합 계 (①-②-③+④)
							신고 불성실	납부 불성실	계 ④		
합계											
취득세 등	취득세 신고세액		%								
	지방교육세 신고세액		%								
	농어촌 특별세 신고세액	부과분	%								
		감면분	%								

「지방세법」 제20조제1항, 제152조제1항, 같은 법 시행령 제33조제1항, 「농어촌 특별세법」 제7조에 따라 위와 같이 신고합니다.

년 월 일

신고인 (서명 또는 인)
대리인 (서명 또는 인)

접수(영수)일자
(인)

시장·군수·구청장 귀하

첨부서류	1. 취득가액 등을 증명할 수 있는 서류(매매계약서, 잔금영수증, 법인장부 등) 사본 각 1부 2. 취득세 감면신청서 1부 3. 취득세 비과세 확인서 1부 4. 기납부세액 영수증 사본 1부 5. 위임장 1부(대리인만 해당합니다)	수수료 없음

위임장

위의 신고인 본인은 위임받는 사람에게 취득세 신고에 관한 일체의 권리와 의무를 위임합니다.

위임자(신고인) (서명 또는 인)

위임받는 사람	성명		위임자와의 관계	
	주민등록번호		전화번호	
	주소			

*위임장은 별도 서식을 사용할 수 있습니다. ···· 자르는 선 ····

접수증(취득세 신고서)

신고인(대리인)	취득물건 신고내용	접수 일자	접수번호
「지방세법」 제20조제1항, 제152조제1항, 같은 법 시행령 제33조제1항, 「농어촌특별세법」 제7조에 따라 신고한 신고서의 접수증입니다.			접수자 (서명 또는 인)

210mm×297mm[백상지 80g/㎡(재활용품)]

2. 사업자등록

    사업자등록이란 부가가치세 납세의무자에 해당하는 사업자의 인적사항 및 사업내용을 관할세무서의 대장에 수록하는 것을 말하는데, 이는 과세관청이 사업자와 그 내용을 파악할 수 있게 하여 과세행정의 능률을 높이려는 것이다. 상가를 취득한 경우 각 상가별로 하나의 사업장으로 보기 때문에 각각 사업자 등록을 하여야 하지만, 주택을 임대하는 경우에는 사업자등록이 의무사항이 아니다. 따라서 사업자 등록을 하지 않을 수 있다.

    사업개시 전에도 사업자등록증은 발급이 가능하기 때문에 은행에서 상가구입을 위한 대출을 받는 경우 사업자등록증을 요구하는 경우 발급받아 제출하면 된다. 아래에 있는 준비서류를 구비하여 세무서 방문 또는 국세청 홈텍스 사이트를 이용하여 사업자등록증을 신청할 수 있다.

사업자 등록 구비서류

- 사업자등록증 신청서
- 등기부등본
- 임대차계약서(매매계약서 등)
- 신분증(인감증명을 추가로 요구하는 경우 있음)
- 인허가 서류

사업자등록증 신청서는 세무서에 구비되어 있으며, 인허가 서류는 임대사업자에게 필수서류가 아니기 때문에 제외하고, 나머지 서류를 구비하여 사업자등록증을 발급받을 수 있다. 임대사업자의 사업자등록증은 일반적으로 세무서를 방문하는 경우 즉시 발급되며, 국세청 홈텍스 사이트를 이용하는 경우 1~2일 정도가 소요된다.

1) 일반매매와 경매로 인한 사업장 취득 시 부가세

상가를 매매하는 경우 부가세가 발생하는 거래이기 때문에 부가세를 거래 징수 하여야 하나, 대부분 상가를 매매하는 경우에는 사업장포괄양수도 방식으로 매매가 이루어지기 때문에 부가세를 주고받지 않으며, 국세징수법에 따른 공매나 민사집행법에 따른 경매는 부가세법상 재화의 공급으로 보지 않기 때문에 경매로 상가를 취득하는 경우에도 부가세가 발생하지 않는다. 하지만 상가는 기본적으로 부가가치세 과세대상이기 때문에 취득 시 사업자등록이 필요하며, 주택 취득시에는 사업자등록을 하지 않을 수 있다.

2) 일반과세자 vs 간이과세자의 선택

위에서 언급했듯이 주택을 임대하는 경우에는 면세사업자이면서 사업자등록 의무대상이 아니기 때문에 일반과세와 간이과세의 선택에 대한 문제가 발생하지 않는다. 그러나 상가를 임대하는 경우에는 부가가치세가 과세되는 과세사업이기 때문에 간이과세자와 일반과세자의 선택에 문제가 발생한다.

대부분의 업종에서는 간이과세자에 대한 규정이 납세자에게 유리한 점들이 많아 간이과세자를 선호하지만, 임대사업자의 경우에는 간이과세자가 오히려 손실이 될 수가 있다. 아래에서 간이과세자와 일반과세자의 특징을 살펴보고 예제를 통해 상가임대사업에서 간이과세자를 선택하는 경우 발생하는 불리한 점을 살펴보자.

- 간이과세자

  기본적으로 영세한 사업자의 세법 지식이나 기장 능력이 부족한 점 등을 감안하여 납세의무 이행의 편의와 세부담을 덜어주기 위한 제도이다.

- 신청방법

  사업자등록신청서 작성시에 일반과세자와 간이과세자를 선택할 수 있으며, 직전년도 수입금액이

4,800만원 미만인 경우에는 신청에 의하여 간이과세를 적용할 수 있다.

- 일반과세자와 간이과세자의 주요 차이

① 세금계산서 발행 불가

② 부가세 환급 불가

간이과세자는 부가가치세를 환급 받을 수 없으므로, 매입세액 공제를 받고자 하는 경우에는 일반과세자로 등록하여야 한다.

③ 납무의무 면제

간이과세자의 1년간 공급대가가 2,400만원 미만인 경우 부가세 납부 의무가 면제된다.

④ 대손세액공제 불가

간이과세자는 부가가치세법상 대손세액공제를 규정하고 있지 않기 때문에 대손세액 공제가 적용되지 않는다.

사업자등록과 관련된 사항은 부가가치세법상의 내용으로 다음의 예제가 어려울 수 있지만 임대사업을 하는 경우, 가장 먼저 부딪치게 되는 내용이기 때문에 사업자등록시 필요한 사항들만 간단히 살펴보자.

3) 토지와 건물의 소유자가 다른 경우 사업자등록

① 원칙적으로 건물 소유자가 임대용역을 제공하는 것으로 보아 사업자등록하여야 하며, 건물 소유자는 토지 소유자에게 임대용역을 제공하는 것이기 때문에 토지 소유자도 사업자등록하여야 한다.

② 건물 소유자와 토지 소유자가 동업계약서를 작성하는 경우, 공동으로 사업자등록 신청 가능하다.

실전 예제 1

다음 상황에 따라 일반과세자와 간이과세자인 경우에 각각 부가가치세를 계산하여 보아라.

① 연간 임대료 50,000,000원(부가세 제외)

② 수리비 등 지출액
　　세금계산서 발급 3,300,000원(부가세 포함)
　　신용카드 사용금액 2,000,000원

③ 부동산임대업의 업종별 부가율은 30% 이다

일반과세자	공급가액	세액
임대료	50,000,000	5,000,000
매입액	3,000,000	300,000
신용카드	1,818,182	181,818
납부세액		4,518,182

간이과세자	공급가액	업종부가율 적용	세율 적용
임대료	50,000,000	15,000,000	1,500,000
매입액	3,000,000	900,000	90,000
신용카드	1,818,182	545,455	54,545
납부세액			1,355,455

답변 : 일반과세자는 임대료 500만원(5,000만원 ×10%)에서 수리비등으로 지급한 대가를 차감한 것으로 매입세금계산서 수령분 30만원과 신용카드 사용금액 중 부가세 약 18만원을 차감(신용카드 사용금액에는 부가세가 포함되어 있기 때문)하여 계산한다.

간이과세자는 업종별 부가율을 이용하여 부가세액을 계산한다. 위 계산된 내역을 살펴보면 총 수령 임대료 5,000만원에서 업종별 부가율 30%를 적용하고 부가세율 10%를 적용하여 매출세액 150만원이 계산된다. 수리비등으로 지출된 금액도 같은 방식으로 적용되어 계산된다.

계산 결과 일반과세자의 납부세액이 간이과세자에 비하여 300만원이상 많이 발생되는 것으로 확인된다.

🏠 실전 예제 2

다음 상황에 따라 일반과세자와 간이과세자인 경우에 각각 총 현금유입액과 유출액을 계산하여 보라.

① 연간 임대료 50,000,000원(부가세 제외)

② 수리비 등 지출액

　　　세금계산서 발급 3,300,000원(부가세 포함)

　　　신용카드 사용금액 2,000,000원

③ 부동산임대업의 업종별 부가율은 30% 이다

현금기준		일반과세자	간이과세자
총 임대료 수령액		55,000,000	50,000,000
총 지출액	세금계산서분	3,300,000	3,300,000
	신용카드분	2,000,000	2,000,000
	부가세 납부	4,518,182	1,355,455
잔액		45,181,818	43,344,545

답변 : 일반과세자의 임대료에는 부가세가 포함된 금액이 아니기 때문에 부가세를 포함하면 총 수령액은 5,500만원이 되고, 간이과세자의 경우에는 부가세를 따로 거래 징수하지 않기 때문에 총 수령액은 5,000만원이 된다. 총 수령액에 각각의 지출액을 차감하면, 일반과세자는 약 4,500만원의 현금이 남고, 간이과세자는 약 4,300만원이 남는다.

예제 1과 2의 예제를 살펴보면 간이과세자로 부가가치세 납부액이 작더라도 임대 상황에 따라서 일반과세자가 유리하게 될 수 있다.

🏠 실전 예제 3

유정호 씨는 매우 부지런하고 적극적인 성격을 갖은 사람으로 퇴근 후에 열심히 임장도 다니고 스터디 모임에도 참여를 했다. 여러 번의 법원경매에 참여하였으나 별다른 성과가 없었다. 그러던 중 엄청난 수익율이 예상되는 주택을 발견하게 되었다. 해당 주택을 주변시세보다 30% 낮은 902,000,000원에 낙찰 받았으며, 월세 11,500,000원이고, 보증금은 50,000,000원에 임대하였으며, 이 경우에 유정호씨가 납부해야할 부가가치세는 얼마인가?

답변 : 유정호씨가 납부할 부가가치세는 없다. 고가주택 9억원 이상이라 하더라도 임대시에 부가가치세가 발생하지 않는다.

국세청 홈텍스(www.hometax.go.kr)상 사업자 등록

① 국세청 홈텍스에 접속하여 다음과 같이 선택

사업자 등록신청(개인) 개인사업자등록을 신청하는 민원입니다

● 인적사항 입력

◎ 기본정보   도움말

* 상호명(단체명)   사업장전화번호

* 주민등록번호   자택전화번호

* 성명(대표자)   휴대전화번호   선택 ▽

◎ 사업장(단체) 소재지

우편번호   주소검색

도로명주소

* 기본주소   지번주소

건물명   동   층   호

기타주소

◎ 기타정보

전자메일주소   @   직접입력 ▽   국세정보수신동의   ○ 동의함 ○ 동의하지않음

팩스번호

● 업종 선택

◎ 주업종 입력   초기화

주업종코드   검색   주업태명

주종목명   부업종   ○ 있음 ● 없음

② 세무서에 방문하여 임대사업자 등록을 하는 경우 상호가 없을 수 있지만 국세청 홈텍스 사이트에서 전산으로 신청하는 경우에 상호는 필수적인 사항이기 때문에 꼭 입력하여야 한다.

③ 전화번호는 하나이상 필수 입력사항이다.

④ 업종코드는 본서의 부록을 확인하길 바란다(참고, 주로 주택임대의 경우에는 701102를, 상가임대의 경우 701201의 코드번호를 사용한다).

◎ 사업장입력 추가 입력

· 선택한 업종이 영위하고자 하는 사업 내용을 정확하게 반영하지 못하는 경우에는, 실제 영위하고자 하는 사업에 대한 설명을 추가 입력하시기 바랍니다.

사업설명

● 사업장 정보입력
◎ 기본정보

· 개업일자		📅	종업원수		명
사업장구분	◉ 본인소유 ○ 타인소유(법인 포함)				
자가면적		㎡ ― 평 ※ ㎡은 자동으로 평으로 변환됨			
타가면적	0 ㎡ 0 평 ※ ㎡은 자동으로 평으로 변환됨				
자기자금	원		타인자금		원
공동사업자선정	○ 있음 ◉ 없음 ※ 주의 : 10인 이상인 경우 신청불가				
출자금	원		성립일자		📅

● 사업장유형 선택
◎ 기본선택

| · 사업자유형 | ○ 일반 ○ 간이 ○ 면세 ○ 법인아닌 종교단체 ○ 종교단체이외의 비사업자 |

◎ 선택사항 ※ 아래 내용은 기재할 수 있는 부분만 기재하셔도 됩니다.

인허가사업여부	○ 여 ◉ 부
의제주류면허신청	◉ 없음 ○ 의제판매업(일반소매) ○ 의제판매업(유흥음식점)
개별소비세해당여부	[　검색　]

⑤ 사업장 유형에 일반/간이/면세를 선택하여야 한다. 주택은 면세사업자에 해당하고, 상가는 본서에 언급 되었듯이 일반 및 간이가 미치는 영향에 대해서 정확 히 파악한 후 선택하여야 한다.

⑥ 공동사업자가 있는 경우 공동사업자선정에 "있음"을 선택하면 아래와 같은 내용이 추가되며, 해당 양식에 따라 추가 작성한다.

● 공동사업자 정보입력
◎ 기본정보

| 공동사업자선정 | ○ 있음 ◉ 없음 ※ 주의 : 10인 이상인 경우 신청불가 | | | |
| 출자금 | | 원 | 성립일자 | 📅 |

⑦ 임대사업자의 경우 일반적으로 선택사항에 입력할
  사항이 없으므로 "다음"을 클릭한다.

⑧ 첨부서류를 양식에 맞게 업로드 후 파일 변환하여
  "다음"을 선택한다.

⑨ 최종확인 창이 뜨면 기재사항이 적절하게 입력되었
  는지, 첨부 서류가 적절하게 업로드되었는지 확인한
  후 "확인"버튼을 클릭한다.

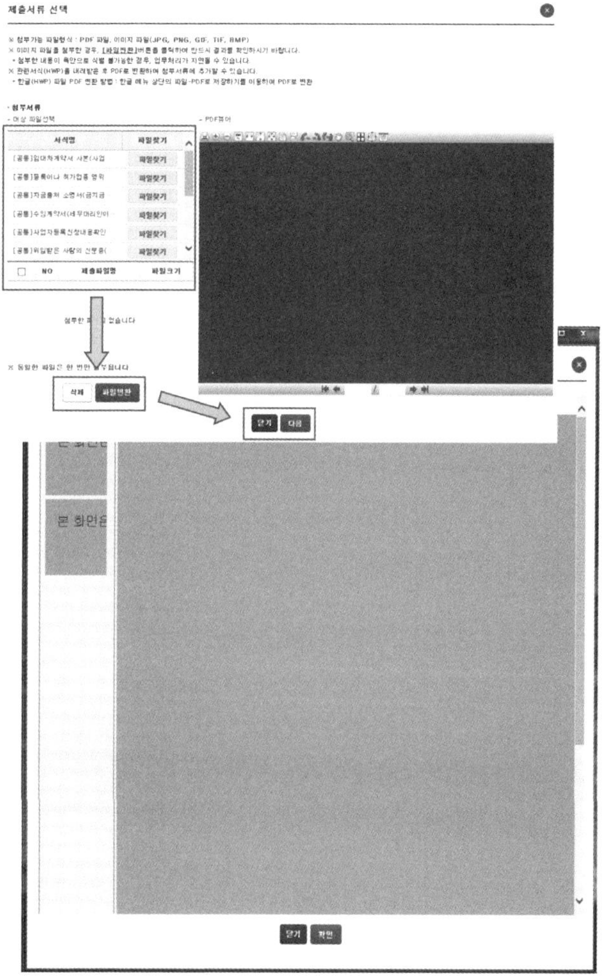

제출서류 선택

※ 첨부가능 파일형식 : PDF 파일, 이미지 파일(JPG, PNG, GIF, TIF, BMP)
※ 이미지 파일을 첨부한 경우, [파일변환]버튼을 클릭하여 반드시 결과를 확인하시기 바랍니다.
 • 첨부한 내용이 육안으로 식별 불가능한 경우, 업무처리가 지연될 수 있습니다.
※ 한컴오피스(HWP)를 사용하는 PDF로 변환하여 첨부서류에 추가할 수 있습니다.
 • 한글(HWP) 파일 PDF 변환 방법 : 한글 메뉴 상단의 파일-PDF로 저장하기를 이용하여 PDF로 변환

· 첨부서류
 · 대상 파일선택

서식명	파일찾기
[공통]임대차계약서 사본(사업	파일찾기
[공통]물품이나 화기업종 명의	파일찾기
[공통]차광출하 소명 서광자금	파일찾기
[공통]수입계약서(대부매리산)	파일찾기
[공통]사업자등록증신용확인	파일찾기
[공통]위임받은 사람의 신분증	파일찾기
□ NO	제출파일명	파일크기

· PDF참여

첨부한 파일이 없습니다

※ 동일한 파일건 한 번만 첨부됩니다

삭제 파일변환

닫기 다음

닫기 확인

II.
부가가치세

1. 부가세

부가세란 영어로 Value added tax로 부가된 가치에 대하여 부과되는 세금이다. 간단하게 쓰는 돈의 10%는 부가세로 납부하는 것이라고 생각하면 된다. 따로 부가세를 납부한적이 없다고 생각할 수도 있지만, 밥값으로 결제한 6천원의 카드 영수증을 보면 공급가액 : 5,454원, 부가세 : 545원으로 되어 있다. 이것은 밥을 5,454원 짜리를 먹고 10%인 545원은 부가세로 납부한 것이다. 이렇게 생활에서 알게 모르게 부가세를 계속 납부하고 있는 것이다. 간혹 영수증에 부가세 금액이 0원 이라고 되어있는 것을 보게 된다면 그것은 바로 면세품인 것이다. 면세품은 출국할 때 공항에만 있는 것이 아니라 농산물, 쌀, 도서 등 생활에 필수적인 요소들은 면세품으로 분류하여 부가세를 부과하지 않는다. 임대사업자 입장에서의 임대하는 물건을 보면 주택은 의식주의 '주'에 해당되는 생활에 필수적인 것이기 때문에 면세품목이 되고, 상가는 생활에 필수적인 곳이 아니기 때문에 과세품목이다. 따라서 주택임대 사업자는 면세사업자가 되기 때문에 상가임대는 관심도 없고, 오로지 주택에만 관심이 있으시다면 본

부가세 편은 볼 필요가 없다. 과세 사업자인 상가임대사업자
는 매출규모의 요건에 따라 일반과세자와 간이과세자로 나
눌 수 있다(일반과세자와 간이과세자의 차이는 사업자등록 편
을 참고하자).

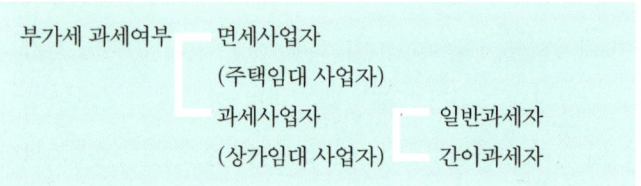

부가세 과세여부 ─┬─ 면세사업자
　　　　　　　　　 (주택임대 사업자)
　　　　　　　　 └─ 과세사업자 ─┬─ 일반과세자
　　　　　　　　　 (상가임대 사업자) └─ 간이과세자

2. 과세기간

과세기간을 정하는 이유는 부가가치세의 신고 및 납부와 관련이 있다. 소득세의 경우 1월 1일 ~ 12월 31일까지 1년간의 소득에 대하여 과세하는데 반해 부가가치세는 아래와 같이 1년을 두개의 기간으로 나누어 각각 신고, 납부한다. 간이과세자는 편의를 위해 소득세와 같이 1년 전체를 과세기간으로 정하여 1년에 한번 신고 납부하게 된다.

- 일반과세자 : [1기] 1월 1일 ~ 6월 30일
          [2기] 7월 1일 ~ 12월 31일
- 간이과세자 : 1월 1일 ~ 12월 31일

다만, 위 과세기간에도 불구하고 각 과세기간의 절반인 1~3월과 7~9월을 예정 신고기간으로 하여 부가가치세를 고지 받아 납부하여야 한다(간이과세자는 1~6월에 대한 부가가치세를 고지 납부한다).

3. 신고, 납부시기

부가가치세는 소득세와 같은 신고납세제도로 해당 과세시간에 대한 부가가치세를 본인이 규정에 맞게 신고 납부하여야 한다.

- 납부시기 : 과세기간이 끝나고 25일 이내에 신고 납부
- 일반과세자 : 1월 25일, 7월 25일 2회 신고 납부
- 간이과세자 : 1월 25일 1회 신고 납부

앞서 '과세기간'에서 간략히 언급한 것과 같이 과세기간의 절반에 해당하는 기간에 대하여 부가가치세 고지서를 세무서에서 받아 납부하여야 한다. 일반과세자는 4월 25일과 7월 25일 직전과세기간의 납부세액의 50%를 고지 납부하여야 하고, 간이과세자는 7월 25일까지 직전과세기간 납부세액의 50%를 납부한다. 예정 고지되어 납부된 부가가치세는 확정신고시기 납부된 세금으로 차감하게 된다.

여기서 주의할 점이 있다. 부가세 예정고지서를 전자 신청한 경우 납부서가 우편으로 발송되지 않아 부가가치세를 납

부하지 않고 지나치는 경우가 종종 발생한다. 이 경우에도 가산금이 발생하기 때문에 전자로 신청하여 고지서를 받지 못했다 하더라도 해당기간에 꼭 납부하여야 한다.

🏠 실전 예제 1

1기에 대한 부가가치세를 1,800,000원 납부하였으며 그중 850,000원은 예정 고지로 납부하였다. 2기 총 부가가치세는 1,950,000원으로 추정된다. 이 경우 2기 예정 납부 금액과 확정 신고시 납부 금액은 얼마인가?

답변 : 2기 예정고지납부 기간인 10월 25일까지 1기 부가세 1,800,000원의 50%인 [1]900,000원에 대한 고지서를 받아 납부하고, 2기 확정 신고기간인 1월 25일까지 7월 ~ 12월에 대한 부가가치세를 계산하고 기 납부된 [2] 900,000원을 차감하여 납부한다.

과세기간	1월 ~ 6월	7월 ~ 12월	
납부일자	7월 25일	10월 25일	1월 25일
과세기간 총 부가세	1,800,000	–	1,950,000
예정고시세액	–	900,000 [1]	–
기 납부세액	850,000	–	900,000 [2]
납부액	950,000	900,000	1,050,000

4. 세금계산서

처음 상가를 임차하는 경우, 세입자로부터 세금계산서 발행을 요청 받고 세금계산서가 무엇이며 무엇을 어떻게 해야 하는지에 대하여 문의하시는 분들이 있다. 세금계산서란 재화 또는 용역을 공급할 때 부가세를 포함하여 거래하였다는 영수증이라고 생각하면 된다. 이 세금계산서는 거래에 대한 적격한 증빙으로 인정되어 매입세액공제를 받거나 비용으로 처리하는데 꼭 필요한 서류다. 세금계산서는 대가를 받고 재화나 용역을 공급하는 자가 발행하는 것으로 임대인이 세금계산서를 발행해주어야 한다. 앞에서 나왔듯 간이과세자와 면세사업자인 주택임대사업의 경우에는 세금계산서를 발행할 수 없다.

1) 세금계산서 양식 및 필요적 기재사항

위와 같은 세금계산서의 양식에 아래와 같은 필요적 기재사항 4가지는 필수적으로 기재하여 발행하여야 한다.

- 공급자 등록번호, 상호 및 성명

- 공급받는자 등록번호, 상호 및 성명

- 공급가액과 부가가치세액

- 작성 연월일

■ 부가가치세법 시행규칙 [별지 제14호서식] (적색)

세금계산서(공급자보관용)

책 번 호   권   호
일 련 번 호 □□ - □□□□

공급자	등록번호										공급받는자	등록번호										
	상호(법인명)				성 명(대표자)							상호(법인명)					성 명(대표자)					
	사업장 주소											사업장 주소										
	업 태				종 목							업 태					종 목					

작성		공 급 가 액												세 액									비 고
연	월	일	공란수	조	천	백	십	억	천	백	십	만	천	백	십	일	천	백	십	억	천	백	십	만	천	백	십	일

월	일	품 목	규 격	수 량	단 가	공 급 가 액	세 액	비 고

합 계 금 액	현 금	수 표	어 음	외 상 미 수 금	이 금액을 영수 함 청구

210㎜×148.5㎜ (인쇄용지(특급) 34g/㎡)

2) 전자세금계산 발급 방법

국세청 홈텍스 → 세금계산서용 공인인증서로 로그인

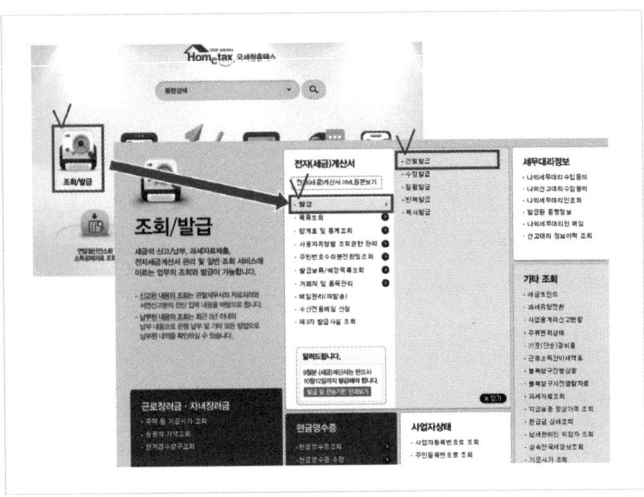

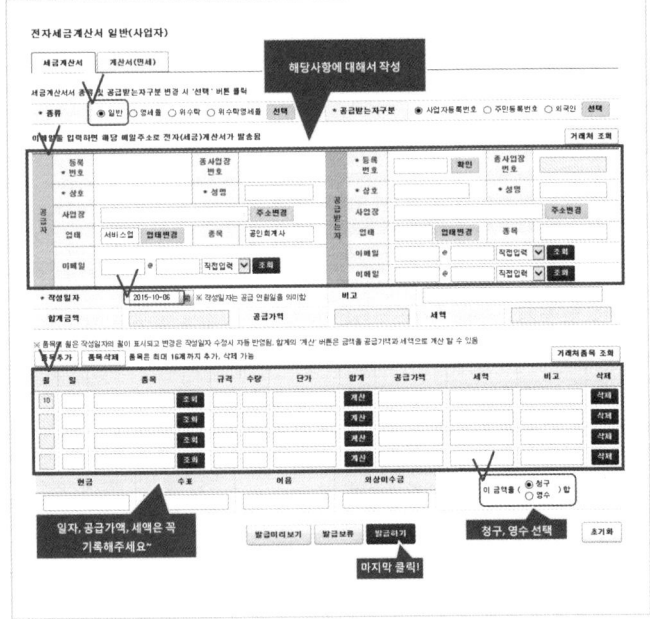

5. 계산방법

부가가치세 계산방법은 간단하게 받은 금액에서 지급한 금액을 차감하여 납부 하는 것을 기본이라고 생각하면 된다.

예를 들어 상가 임대료가 월 30만원이라고 한다면 부가세 포함하여 33만원을 받을 것이다(상가에 일반 사업자가 있을 경우 부가세 3만원은 환급 또는 공제를 받을 것이기 때문에 3만원을 추가 납부 하는 것에 대해 당연하게 생각한다). 6개월간의 매출세액(즉, 과세기간 동안 부가세로 받은 금액 총합) 18만원에서 같은 기간 동안 상가를 임대하면서 발생한 유지보수비 등으로 총 지출금액이 44만원인 경우, 매입세액 4만원을 차감한 금액 14만원(18만원 – 4만원)을 과세기간이 끝나고 25일까지 신고, 납부하여야 한다.

	매출세액	1)
–	매입세액	2)
=	납부(환급)세액	
–	전자신고 세액공제	3)
–	전자세금계산서 발행 세액 공제	4)
–	예정고지세액	
+	가산세	
=	차가감 납부(환급)세액	

1) 매출세액 : 임대료 + 간주임대료

① 임대료 : 해당 과세기간에 받은 월세

● 부동산 임대용역을 공급하고 그 대가를 선불 또는
후불로 받는 경우 예정신고기간 또는 과세기간의
종료일을 공급시기로 보아 세금계산서를 발행하며
다음과 같이 계산한 금액을 공급가액으로 한다.

$$\text{공급가액} = \text{선(후)불로 받는 임대료} \times \frac{\text{과세대상기간}}{\text{계약기간}}$$

② 간주임대료

전세금 또는 임대보증금을 받는 경우 대가를 받는
것으로 보아 다음의 계산 금액을 공급가액으로 한다.

$$\text{간주임대료} = \text{임대보증금} \times \text{정기예금 이자율(2.9\%)} \times \frac{\text{과세대상기간일수}}{365}$$

● 계약에 따라 전세금이나 임대보증금을 임대료에
충당한 경우 그 금액을 제외한 가액을 전세금 또
는 임대보증금으로 한다.

● 간주임대료에 대한 부가세는 원칙적으로 임대인
이 부담하는 것이나, 약정에 따라 임차인이 부담
하는 것으로 할 수 있다. 이 경우 월세와 간주임

대료의 부가세를 구분하여 지급하여야 한다.

- 부동산 임대사업자가 임차인으로부터 월세를 받지 못한 때(미수가 발생)에도 그 공급시기에 세금계산서를 교부하고 부가가치세를 신고납부 하여야한다. 또한, 임대료가 연체된 경우에도 전세금 또는 임대보증금에 대한 간주임대료 계산시에는 지급받지 못한 임대료를 당해 전세금 또는 임대보증금에서 차감하지 아니한다.

2) 매입세액

자기의 사업을 위하여 사용하였거나 사용할 목적으로 공급받은 재화·용역에 대한 부가가치세액을 말한다.

① 자기의 사업을 위하여 사용된 경우만 매입세액 공제가 가능하기 때문에 사업과 관련 없는 지출에 대해서는 부가가치세 공제가 불가능하다.

② 해당기간 사용여부와 관계없이 공급받은 시기에 공제된다.

③ 재화·용역을 공급받을 때 지급한 부가가치세액이 공제된다.

④ 불공제되는 매입세액

- 적격증빙 미수취
  - 세금계산서를 발급받지 않은 경우
  - 세금계산서에 필요적 기재사항이 기재되지 않은 경우
  - 신용카드 매출전표* 등외 간이영수증을 수령
- 사업과 직접 관련이 없는 지출에 대한 매입세액
- 비영업용 소형 승용 자동차 구입, 임차 및 유지에 관한 매입세액
- 접대비 및 이와 유사한 비용의 지출에 관련된 매입세액
- 면세사업 등에 관련된 매입세액

3) 전자신고 세액공제

전자신고방법으로 부가가치세 확정신고를 하는 경우 해당 납부세액에서 1만원을 공제한다. 매출가액과 매입가액이 없는 일반과세자에 대해서는 세액공제를 적용하지 않는다.

---

* 신용카드를 사용하거나 현금영수증을 발급받은 경우 매입세액 공제할 수 있으며, 이경우 신용카드 매출전표등 수령명세서를 제출하고, 5년간 보관하여야 함(국세청 사이트에서 사업용 신용카드를 등록한 경우 보관하지 아니할 수 있음.)

4) 전자세금계산서 발행

개인사업자가 2015년 12월 31일까지 발급하는 경우 발급 세액공제 신고서를 제출하고, 건당 200원을 부가가치세 납부세액에서 공제할 수 있다.(연간 100만원 미만.)

실전 예제 1

Y 씨는 공실이었던, 속옷들을 판매하는 D업체에 6개월간 임대의 대가로 보증금 없이 총900만원의 대가를 받고 2016년 8월 1일 임대하였다. 상가주인인 Y씨가 2016년에 D업체에 발행할 세금계산서 금액은 얼마인가?

답변 : 7,500,000원(= 9,000,000 × 5 / 6) .

대가를 선불로 받는 경우 전체 임대기간 중 과세대상기간의 비율만큼 세금계산서를 발행하여야 하며, 발행금액만큼 공급가액이 된다.

실전 예제 2

T 씨는 2억원(토지 1억원, 건물 1억원)을 주고 상가를 구입하였다. 상가를 구입하는 과정에서 100만원의 부동산 비용과 취등록세 1천만원이 발생했으며, 상가의 기본적인 시설이 노후되어 전기공사 등을 진행하고 500만원의 비용이 발생하였다(부동산 수수료와 공사비용에는 부가세가 포함되어 있지 않음). 이후 보증금 3천만원과 월세 130만원에 임대하였다.

질문 : 부가가치세 신고 시 납부할 부가가치세는 얼마인가?

답변 :

구분		공급대가	세액
매출세액	임대료	7,800,000[(1)]	780,000
	간주임대료	431,425[(2)]	43,142
매입세액	세금계산서 등 매입세액	6,000,000	550,000[(3)]
납부환급세액			273,142
전자신고세액공제			10,000
전자세금계산서 발행세액공제			600[(4)]
예정고지세액			0
납부세액			262,542

[(1)] $1,300,000 \times 6 = 7,800,000$

[(2)] $30,000,000 \times 2.9\% \times 181/365 = 431,425$

[(3)] 토지 부분에 대한 부가가치세는 매입세액이 공제되지 않으므로 부가가치세를 안분하여 계산한다.

$$1,000,000 \times \frac{1억}{2억} \times 10\% = 50,000$$

$50,000 + 500,000 = 550,000$

[(4)] $200 \times 3 = 600$

질문 : 토지와 건물의 취득가액은 얼마인가?

답변 : 부가가치세 중 매입세액 공제를 받지 못한 부분은 취득가액에 포함된다.

건물 : 100,000,000 + 5,000,000(취등록세) + 500,000(중개수수료) + 5,000,000(전기공사) = 110,500,000

토지 : 100,000,000 + 5,000,000(취등록세) + 500,000(중개수수료) = 110,500,000

CHECK

부동산 취득시
발생하는 수수료에 대한 부가세

부동산을 취득하는 경우 부동산중개수수료, 법무사수수료 등이 발생하는데, 이때 부담하는 부가가치세에 대한 문의가 많다. 접근 순서는 여러 가지가 있겠지만 필자가 생각하는 방식으로 하나씩 짚어보자.

① 면세사업이나 면세자산 취득관련 비용의 부가가치세는 공제되지 않는다.

② 공제되지 못한 부가가치세는 취득가액에 포함된다.

③ 취득가액에 포함된 부가가치세는 감가상각을 통한 필요경비나, 처분시 양도자산의 취득가액에 포함된다.

④ 부동산 취득시 발생한 부대비용의 안분은 실지거래가액, 감정평가액, 기준시가에 의해 안분한 금액으로 나눈다.

주의할 점은 과세사업(상가임대사업)에 사용하던 토지, 건물을 일괄 양도하는 과정에서 발생한 중개수수료에 대한 부가가치세는 전액 매입세액공제가 가능하다.

🏠 실전 예제 3

B 씨는 투자목적으로 문정역 주변 오피스텔을 2016년 4월 2일에 분양받았다. 분양가격은 부가세를 포함하여 2억 2,000만원이다. 이 중 토지가치가 1억 1,000 만원이며, 건물 가치는 1억 1,000만원(부가세 포함)이다. B 씨의 오피스텔을 사무용으로 사용하기 위하여 간이과세자로 사업자등록을 하였다. 이때 환급 가능한 부가세 금액은 얼마인가?

답변 : 간이과세자는 부가세 환급이 불가능하므로 납부한 부가가치세는 환급받을 수 없다.

🏠 실전 예제 4

B 씨는 투자목적으로 문정역 주변 오피스텔을 2016년 4월 2일에 분양받았다. 분양가격은 부가세를 포함하여 2억 2,000만원이다. 이 중 토지가치가 1억 1,000 만원이며, 건물 가치는 1억 1,000만원(부가세 포함)이다. 간이과세자로 사업자를 등록한 B씨는 간이과세자는 부가세 환급이 불가능하다는 사실을 알고 4월 23일에 서둘러 간이과세 포기 신청을 하여 5월 1일 일반과세자가 되었다. 이 경우 환급 가능한 부가세는 얼마인가?

답변 : 환급 가능액은 6,300,000원이다.
간이과세자에서 일반과세자로 변경되는 경우, 매입세액공제가 이루어져 있지 않은 재고품 등을 일반과세자의 지위에서 사용하게 되므로 추가적으로 매입세액공제를 허용하는 제도로 재고매입세액의 공제라고 한다. 이는 다음과 같은 산식에 의해 계산된다.

$$재고매입세액 = 취득가액 \times \frac{10}{100} \times (1-체감율 \times 경과된\ 과세기간\ 수) \times (1-부가가치율)$$

* 체감율 : 건물 또는 구축물은 10%
* 부가가치율 : 부동산 임대업은 30%

위 산식에 대입하여 계산해보면 다음과 같이 계산된다.

10,000,000 × (1 - 10% × 1) × (1- 30%) = 6,300,000 원

최초 일반과세자로 등록하였을 때보다 370만원이 작은 금액을 환급받게 되고, 이 금액은 간이과세 기간 동안 매출까지 없었다면 발생 가능한 최대 손실금액이 된다. 따라서 본 예제와 같이 이미 간이과세자로 등록하여 부가세를 환급받지 못하게 된 경우이다. 해당과세기간이 끝나는 12월에 간이과세를 포기하는 것이 전체 세부담 측면에서 유리할 가능성이 높기 때문에 서둘러 간이과세를 포기하여서는 안 된다.

🏠 실전 예제 5

B 씨는 투자목적으로 문정역 주변 오피스텔을 2016년 4월 2일에 분양받았다. 분양가격은 부가세를 포함하여 2억 2,000만원이다. 이 중 토지 가치가 1억 1,000 만원이며, 건물 가치는 1억 1,000만원(부가세 포함)이다. B씨는 일반과세자로 사업자등록하고, 건물분에 대한 부가세 매입세액공제를 받았다. 3년이 지난 2019년 7월 1일 신규 임차인이 주거용으로 사용하기를 원하고 있다. 이 경우 납부하여야 할 부가세는 얼마인가?

답변 : 납부하여야 할 부가세는 6,500,000원이다.

공급요건을 충족하지 않음으로써 본래 재화의 공급에 해당하지 않는 일정한 사건들을 재와의 공급으로 의제하는 것을 재화의 공급의제라고 한다. 재화의 공급의제에는 개인적인 사용, 면세사업에 전용, 폐업시 잔존재화등이 있다. 공급의제의 경우 해당재화의 시가로 평가하나 감가상각자산인 경우에는 다음의 간주시가를 공급가액으로 한다.

간주시가 = 취득가액 ×(1-체감율 ×경과된 과세기간 수)

* 체감율 : 건물 또는 구축물은 5%

간주시가에 의하여 계산하면, 과세표준(간주시가)이 100,000,000 × (1 - 5% ×7) = 65,000,000원이 되고, 기타 다른 내용이 없다면 세율 10%를 적용하여 납부할 세액은 6,500,000원이 된다.

실전 사례

B씨는 투자목적으로 문정역 주변 오피스텔을 2016년 4월 2일에 분양받았다. 분양가격은 부가세를 포함하여 2억 2,000만원이다. 이 중 토지 가치가 1억 1,000 만원이며, 건물 가치는 1억 1,000만원(부가세 포함)이다.

B씨는 오피스텔 주변 여건을 고려하였을 때 상업용 보다 주거용으로의 임대가 용이할 것으로 판단하고 있다. 이런 경우 임대주택법상 임대주택으로 등록하는 것을 고려해볼 필요가 있다. 이런 경우 부가가치세 환급을 받지는 못하지만 부가세에 상응하는 취득세를 면제받을 수 있기 때문이다(취득세 면제와 관련된 사항은 취득세 부분을 참고).

* 취득세 : 220,000,000 ×4.6% = 10,120,000

6. 사업의 포괄양수도

일반적으로 주택을 매매하는 경우 부가가치세 문제가 발생하지는 않지만, 상가 매매시 건물분에 대한 부가가치세는 거래 징수하여야 하기 때문에 기본적으로 상가를 매입하는 경우 부가가치세를 주고 받아야 한다. 하지만 상가를 매입하면서 발생한 부가세는 환급받을 것이기 때문에 실질적으로 아무런 실익이 없다. 그래서 사업을 포괄적으로 양수도 하는 경우에는 재화의 공급으로 보지 않아 부가가치세를 주고받지 않는 제도가 있는데, 이런 제도를 이용하여 상가(사업)를 포괄양수도 하게 되면 관련 부가가치세를 주고 받지 않는다.

주택을 매매하는 경우에도 국민주택 규모를 초과한다면 건물분에 대한 부가가치세 과세 대상이나, 개인이 일시적 또는 우발적으로 재화 또는 용역을 공급하는 경우에 부가가치세 납세의무자에 해당하지 않는다는 규정이 있기 때문에 부가가치세가 과세되지 않는 것이다. 만약 개인이 부동산 매매사업자이고, 국민주택 규모를 초과하는 주택의 매매시 건물분에 대해서는 부가세를 납부하여야 한다.

7. 사업의 양도 또는 폐업

임대사업자의 폐업이라고 하면 일반적으로 임대 부동산을 처분한 경우일 것이다. 폐업을 하는 경우 폐업일이 속하는 달의 다음 달 25일까지 사업양도신고서와 부가가치세를 신고, 납부 하여야 한다.

🏠 실전 예제 1

K씨는 투자목적으로 선릉역 주변 상가를 B씨로부터 2016년 4월 2일에 3억원(토지 1억 5천, 건물 1억 5천)에 매입 하였다. 이 상가는 2013년 1월 1일에 B씨가 분양 받았으며, 분양가격은 부가세를 포함하여 2억 2,000 만원이다. 이중 토지 가치가 1억 1,000만원이며, 건물 가치는 1억 1,000만원(부가세 포함)이다.

물음1 : B씨가 거래시에 징수할 부가세는 얼마인가?
물음2 : K씨는 포괄양수도 방식으로 매입한 상가를 임대하다가 3년이 지난 2019년 7월 1일 자신의 면세사업인 병원으로 사용하려고 한다. 이 경우 납부하여야 할 부가세는 얼마인가?

답변 1 : 사업의 포괄양수도의 경우 재화의 공급으로 보지 않기 때문에 거래징수할 부가세금액은 없다.

답변 2 : 납부하여야 할 부가세는 3,500,000 원 이다.

포괄양수도 방식으로 취득한 상가를 자신의 면세사업에 전용하는 경우 간주시가 계산시 사용되는 취득가액 및 경과된 과세기간은 양도자가 당초 취득한 가액에 대한 취득한 날을 기준으로 계산한다.

간주시가는 100,000,000 ×(1 - 5% ×13) = 35,000,000원에서 세율 10%를 적용한 3,500,000원이 납부할 세액이 된다. 본 예제와 같은 이유로 최초 오피스텔을 업무용으로 분양 받아 부가가치세를 환급 받은 경우에도 10년(20 과세기간)이 경과한 경우에는 주거용이나 본인이 직접 사용하는 경우에도 환급 받은 부가가치세를 재계산하여 납부할 필요가 없다.

8. 부가가치세 기타사항

1) 부가가치세 대손

대손이란 대가를 받지 못하여 손해를 보는 것을 말한다. 상가 임대시 일반적으로 월세라고 하여 월 임차료를 받게 되는데, 이 경우에 부가가치세법은 대가를 받기로 한때를 부동산 임대용역의 공급시기로 한다. 이 말은 사업자가 상가에 대한 임대용역을 공급한 경우 계약에 의하여 받기로 한 때 대가를 받지 못한다 하더라도 부가가치세 과세대상이다, 즉 받지 못한 금액에 대해서 부가세를 납부하여야 한다는 것이다. 공급시기에 맞춰 부가가치세를 납부한 후에 아래의 대손 사유가 발생하고 요건을 충족한 경우 매출세액에서 차감하도록 한다.

① 대손 사유
- 채무자의 파산, 강제집행, 형의 집행, 사업의 폐지, 사망, 실종 등
- 부도 발생일로부터 6개월 이상 지난 수표, 어음, 중소기업 외상매출금

- 상법, 어음법, 수표법, 민법에 따른 소멸시효가 완성된 채권
- [채무자 회생 및 파산에 관한 법률]에 따른 회생계획인가의 결정 또는 법원의 면책결정에 따라 회수불능으로 확정된 채권
- 채무자의 재산에 대한 경매가 취소된 채권
- 외국환거래에 관한 법령에 따라 한국은행 총재 또는 외국환은행의 장으로부터 채권 회수의무를 면제받은 것
- 회수기일이 6개월 이상 지난 채권 중 채권가액이 20만원 이하인 채권

② 대손요건

　해당 재화, 용역을 공급한 후, 그 공급일로부터 5년이 지난날이 속하는 과세기간에 대한 확정 신고기한까지 위 대손금 사유로 확정되는 대손세액을 확정신고와 함께 대손금이 발생한 사실을 증명하는 서류를 제출하여야 한다

③ 매출세액에서의 차감

　매출세액을 계산할 때 해당기간의 매출세액에서

대손이 확정된 세액을 차감하여 부가가치세를 계산
한다는 뜻이다.

위와 같은 규정하에서 임차료에 미수가 발생하는 경우 의
도치 않게 자금이 묶이거나 대손세액공제를 못 받게 되는 경
우가 있다. 뒤에서 예제를 통하여 구체적으로 살펴보자.

2) 사업자등록 전 매입세액

사업자등록 전 사업과 관련하여 지출이 발생하는 경우, 매
입세액공제를 받기 위해서는 해당사업자 또는 대표자의 주
민등록번호를 적어 발급받고, 공급시기가 속하는 과세기간
이 끝난 후 20일 이내에 사업자등록을 신청한 경우 매입세
액 공제가 가능하다.

3) 특수관계자에 대한 부동산 무상임대

특수관계인에 대한 사업용 부동산의 무상임대용역은 과
세된다. 즉, 부모가 자녀에게 무상으로 상가를 사용하게 한
경우에도 부가가치세가 과세된다.

4) 부가세 신고시 제출서류

부동산 임대사업자는 부가세 신고시 부가세신고서 외에 부동산 임대 공급가액명세서를 제출하여야 하며, 임대차계약을 갱신하는 경우에는 계약서 사본을 제출하여야 한다.

5) 세금계산서의 분실

임대사업을 하는 경우 임차인에게 세금계산서를 발행하여야 하고, 건물 유지 및 관리를 위해 재화나 용역을 공급받는 경우에는 세금계산서를 받아야 한다. 전자로 발행한 경우에는 분실에 위험이 없지만, 실무상의 이유로 상당수의 임대사업자들은 종이세금계산서를 발행한다. 세금계산서를 분실하게 되면 공급하는자는 가산세를 물어야 하고, 공급받는자는 매입세액을 공제 받지못한다. 세금계산서를 분실한 경우 매출세금계산서는 장부 및 증빙서류에 의해 내용을 확인하여 사본을 작성하여 보관하고, 매입세금계산서는 공급자에게 의뢰하여 사본을 받아 보관하여야 한다. 공급자의 폐업 등으로 매입세금계산서 사본을 교부 받지 못하면 매입세액 공제를 받을 수 없게 되므로 철저한 보관이 필요하다.

🏠 실전 예제 1

Q씨는 상가를 임대하여 매월 25일 임대료를 받기로 계약을 체결하였다. 임대료가 계속 연체되었으나, 임차인 L씨의 부탁으로 마음 약한 Q씨는 아무런 행동도 하지 않고 지내다가 1년의 시간이 흘러 L씨를 내보냈다.

물음1 : Q씨가 일반과세자인 경우 부가가치세법과 관련하여 무엇을 하여야 하는가?

물음2 : Q씨가 간이과세자인 경우 부가가치세법과 관련하여 무엇을 하여야 하는가?

답변 1 : Q씨는 실제로 받지 못하였다 하더라도 매월 계약에 따라 받아야 할 금액에 대하여 부가가치세를 신고 납부하여야 한다. 후에 L씨에게 대손에 해당되는 사유가 발생하면 부가가치세 확정 신고시 대손세액을 차감하여 신고하고, 대손금이 발생한 사실을 증명하는 서류를 제출하여야 한다.

5년이 지난날이 속하는 확정신고 기간까지 대손 사유가 발생하지 않은 경우에는 대손세액공제를 받을 수 없다. 또한 Q씨가 대손이 확정되기 전에 폐업한 경우에도 대손세액공제를 적용 받을 수 없다.

답변 2 : 일반과세자인 경우와 같이 Q씨는 실제로 받지 못하였다 하더라도 매월 계약에 따라 받아야 할 금액에 대하여 부가가치세를 신고 납부하여야 한다. 그러나 후에 L씨에게 대손에 해당되는 사유가 발생하더라도 간이과세자에게 대손세액공제가 적용되지 않기 때문에 대손세액공제를 적용 받을 수 없다.

임차료에 미수금이 발생하여 명도소송을 진행하는 경우 상당한 시간이 소요되기 때문에 미수 임대료가 보증금을 초과하는 경우가 발생할 수 있다. 따라서 적절한 수준의 보증금과 미수금에 대한 관리가 필요하다.

Q씨는 2016년 4월 상가를 경매로 낙찰 받았다. 오랜기간 공실이었지만 철저한 분석과 임장으로 방수 및 냉난방 공사만 잘 이루어진다면 충분히 높은 수익률이 예상되는 물건이었다. Q씨는 5월 모든 공사를 완료하였다. 공사대금은 공사의 완료시에 지급하기로 하였으나, 일시적인 자금 압박으로 인해 5,000만원(부가세 제외)의 공사대금을 지급하지 못하여 세금계산서를 발급받지 못하였다가 임대 계약이 된 7월 임대보증금을 받아 공사대금을 지급했고 세금계산서를 발급받았다. 그 후 500만원의 부가가치세를 환급신고 하였으나 환급을 거절당하고 가산세까지 부과하였다.

Q씨가 환급 받지 못하고 가산세까지 부과된 이유는 무엇인가?

답변 : 부가가치세법에서는 재화 또는 용역의 공급시기에 세금계산서를 주고받도록 하고 있다. 공급시기가 지나서 세금계산서를 발급받는 경우는 두 가지로 나누어볼 수 있다. 먼저 같은 과세기간(1~6월)내에 발급받는 경우이다. 이 경우에는 판매자나 매입자 모두에게 공급가액의 1%의 가산세가 부과된다.

다음으로 과세기간이 지나서 세금계산서를 발급받는 경우이다. 이런 경우 판매자에게 공급가액의 2%의 가산세를 부과하고, 매입자에게는 매입세액이 불공제 된다. 만약 매입세액이 불공제 임에도 매입세액 공제 500만원을 신고하면 신고불성실로 가산세 1%와 세금계산서 합계표 불성실 가산세 1%까지 부과된다.

앞의 예제 1에서도 마찬가지로 임차료를 받지 못했다 하더라도 공급시기에 맞추어 세금계산서를 발행하여야 불이익을 받지 않는다.

CHECK 재화 및 용역의 공급시기

① 재화의 공급시기

- 현금 판매, 외상판매, 할부판매등 재화가 인도되거나 이용가능하게 되는 때
- 1년 이상 장기할부판매 대가의 각 부분을 받기로 한 때
- 반환조건부 판매, 동의조건부판매, 기타 조건부 및 기한부판매 조건이 성취되거나 기한이 경과되어 판매가 확정되는 때
- 완성도기준지급 또는 중간지급조건부로 재화를 공급하거나 전력 기타 공급단위를 구획할 수 없는 재화를 계속적으로 공급하는 경우 대가의 각 부분을 받기로 한 때

② 용역의 공급시기

- 통상적인 경우 역무가 제공되거나 재화, 시설물 또는 권리가 사용되는 때
- 완성도기준지급, 중간지급, 1년 이상 장기할부, 기타조건부로 용역을 공급하거나 그 공급단위를 구획할 수 없는 용역을 계속적으로 공급하는 경우 대가의 각 부분을 받기로 한 때

③ 위의 공급시기 도래 전에 세금계산서를 발급하고, 그 세금계산서 발급일로부터 7일 이내에 대가를 지급받는 경우에는 세금계산서를 발급하는 때를 공급시기로 본다.

9. 간이과세자에 대한 기타 사항

- 개인사업자만 적용 가능하며 법인은 불가
- 1년 공급대가가 4,800만원 미만인 경우에만 적용 가능
- 간이과세가 적용되지 않는 다른 사업장을 보유하고
  있는 경우에는 간이과세가 적용되지 않음
  (공동사업장의 구성원 1인이 일반 과세사업장을 운영하
  고 있는 경우에도 공동사업장은 간이과세 적용 가능)
- 세금계산서 발행금지
- 부가세 환급 불가
  (신규 상가를 분양 받는 경우 일반과세자가 유리)
- 대손세액공제 불가
- 일반과세가 적용되는 다른 사업장을 보유 중이거나,
  일반과세자로부터 포괄양수 받은 사업자는 간이과세
  불가

10. 임차인의 전기료

건물을 임대하였으나 전기 사용자 명의가 변경되지 않아 건물주 명의로 되어 있는 경우 임차인이 실질적으로 전기를 사용하고 요금을 부담하고 있으나 매입세액 공제를 받을 수 없다. 이 경우에는 건물주가 임차인에게 전기사용료에 대하여 추가적으로 세금계산서를 발행하면 된다.

전기사용자 명의변경은 일정한 서류를 갖추어 한전에 우편이나 FAX로 신청하면 된다(자세한 사항은 한국전력공사에 문의).

11. 과세유형 및 휴·폐업 여부 조회

간이과세자, 면세사업자 등 세금계산서를 발급할 수 없는 사업자가 발행한 세금계산서는 효력이 없어 매입세액 공제를 받을 수 없기 때문에 의심스러운 거래에 대해서는 사업자에 대하여 확인해볼 필요가 있다. 이때에 이용하는 것이 국세청 홈텍스 사이트에서 조회 가능한 휴·폐업 조회이다. 조회를 통하여 해당 사업자의 상태를 확인할 수 있다.

국세청 홈텍스 사이트 〉 [조회/발급] 〉 [사업자상태]

12. 특수관계인에 대한 사업용 부동산의 사용

특수관계자에게 상가 등을 임대하고 무상 또는 부당하게 낮은 대가를 받는 경우에는 시가를 공급가액으로 한다.

🏠 실전 예제 1

특수관계자에게 저가 또는 무상 임대하는 경우 : J씨는 상가를 낙찰받아 월 1,200,000원(시가)에 임대하여 오다가 남편의 사무실을 이사하여 J씨의 건물에서 운영하기로 하였다. 각각 부부의 예상종합소득금액을 계산하여 보니 J씨의 한계세율이 높아서 임차료를 0원으로 하기로 하였다. J씨 부부는 부가가치세법상 어떻게 하여야 하는가?

답변 : J씨와 남편은 특수관계자에 해당하고 부동산 임대용역에 대하여 무상으로 하였기 때문에 시가에 의하여 과세 된다. 따라서 월 120,000원에 대한 매출세액을 신고 납부하여야 하고 남편은 매입세액 공제를 받을 수 있다.

III.
종합부동산세

1. 종합부동산세

종합부동산세는 주택에 대한 종합부동산세와 토지에 대한 종합부동산세의 세액을 합한 금액을 그 세액으로 한다. 여기서 토지에 대한 종합부동산세의 세액은 토지분 종합합산세액과 토지분 별도합산세액을 합한 금액으로 한다.

종합부동산세	주택에 대한 종합부동산세	
	토지에 대한 종합부동산세	토지분 종합합산세
		토지분 별도합산세

1) 과세 기준일 : 재산세의 과세 기준일과 같은 매년 6월 1일

재산세와 같이 6월 1일을 기준으로 자산을 보유하고 있는 자에게 세금이 부과되기 때문에 해당 일자를 고려하여 물건의 취득이나 처분이 이루어지는 것이 유리하다.

2) 납세의무자

구분	대상
주택에 대한 과세	국내 재산세 과세대상인 주택의 공시가액을 합산한 금액이 6억을 초과하는 자
토지가 종합합산과세대상	과세대상토지의 공시가격을 합한 금액이 5억원을 초과하는 자
토지가 별도합산과세대상	과세대상토지의 공시가격을 합한 금액이 80억원을 초과하는 자

(구분에 대한 분류는 재산세 참조)

3) 납세절차

① 원칙(부과 징수)

관할세무서장은 세액을 결정하여 해당 연도 12월 1일부터 12월 15일까지 부과 징수 한다.

② 예외(선택적 신고납부)

신고납부방식으로 납 부하려는 납세의무자는 종합부동산세의 과세표준과 세액을 해당연도 12월 1일 ~ 12월 15일까지 관할 세무서장에게 신고하여 납부하여야 한다.

4) 계산 구조 및 세율 등

부과 징수가 원칙이며 종합부동산세 과세 대상인 경우 종합부동산세 외에도 본 책에서 다루지 않는 많은 과세 문제가 존재할 것이기 때문에 구체적으로 다루지 않는다.

5) 합산배제 신청

합산배제 주택이란 기숙사 및 사원용 주택 등으로 종합부동산세를 부과하는 목적에 적합하지 않은 주택을 말한다.

합산배제에 해당하는 주택을 보유한 납세의무자는 해당 연도 9월 16일부터 9월 30일까지 관할세무서장에게 해당 주택의 보유현황을 신고하여야 한다.

IV.
소득세

1. 소득세 개관

개인이 얻은 소득에 대하여 부과하는 조세로 8가지 세목으로 구분하여 과세하고 있습니다. 이 중 퇴직과 양도소득을 제외하고 6가지의 소득을 연 단위로 합산하여 과세하는 종합과세를 기본으로 하고 있다.

	종합소득세	이자소득
		배당소득
		사업소득
소득세		근로소득
		연금소득
		기타소득
	퇴직소득세	
	양도소득세	

임대사업자의 부동산 임대소득은 사업소득으로 분류되고, 종합소득세로 타 소득과 합산하여 합산과세가 된다. 그렇기 때문에 근로소득이 있는 임대사업자라면 근로소득과 합산하여 종합소득세를 신고, 납부하여야 한다. 앞서 종합소

득세의 신고, 납부가 완료되었다고 모든 절차와 규정을 지킨 것이 아니라는 것을 밝힌 것과 같이 세무서에서 향후 검토하여 잘못된 경우 세무조사 등을 통해 미납분뿐만 아니라 가산세까지 추가로 납부하여야 하기 때문에 기본 구조를 정확하게 파악하는 것이 중요하다.

2. 과세기간 및 신고, 납부 시기

1월 1일 ~ 12월 31일의 소득을 다음년도 5월 1일 ~ 5월 31일까지 신고, 납부하여야 한다.

근로소득만 있는 자는 연말정산을 통해 신고, 납부에 대한 의무를 끝낼 수 있기 때문에 대부분의 근로소득자는 5월에 종합소득세를 신고, 납부하지 않는 것이다.

3. 종합소득세 계산구조

6가지의 소득별로 계산된 소득금액을 합하여 다음과 같이 종합소득세를 계산한다. 대부분의 비사업자는 원천징수, 연말정산 등으로 5월 종합소득세 과세표준 확정신고를 하지 않는 경우가 있지만, 임대사업소득이 있는 경우 5월에 과세표준 확정신고를 하여야 한다.

이자소득	배당소득	사업소득	근로소득	연금소득	기타소득
이자소득 금액	배당소득 금액	사업소득 금액	근로소득 금액	연금소득 금액	기타소득 금액
	+ Gross - Up				
-	-	- 필요 경비	- 근로 소득공제	- 연금 소득공제	-필요 경비
이자소득 금액	배당소득 금액	사업소득 금액	근로소득 금액	연금소득 금액	기타소득 금액

	종합소득금액
-	종합소득공제
	과세표준
×	과세표준
	산출세액
-	감면·공제세액
	결정세액
-	가산세
	총결정세액
-	기납부세액
	자진납부세액

4. 사업소득

사업소득이란 일정한 사업에서 발생한 소득을 말하기 때문에 임대사업도 사업소득에 해당한다. 사업자는 다른 소득자와 다르게 사업자등록, 계산서 발급 장부의 작성, 보관 등의 의무가 있다. 따라서 세무 목적에 맞는 장부를 작성하고 관련 증빙을 수령, 보관하는 등의 의무를 알고 지켜야 한다.

1) 사업자등록

사업자등록은 세금 문제 등을 처리하기 위한 사업장 관리에 이용되며, 가장 중요한 부가세 공제 받기 위해서 필수적인 작업이다.

2) 세금계산서 등의 발급

임대사업자는 임차인에게 세금계산서(또는 계산서)를 발급한다.

3) 증빙 등의 보관

전자적 방법으로 수령한 것이 아니라면 5년간 보관한다.

(전자적 방법 : 전자세금계산서, 등록된 신용카드 등을 사용하여 발생된 증빙을 말한다.)

4) 사업자의 기장의무

"세법상 기장의무 사업자는 소득 금액을 계산할 수 있도록 증명 서류 등을 갖춰 놓고 그 사업에 관한 모든 거래사실이 객관적으로 파악될 수 있도록 복식부기에 따라 장부를 기록, 관리하여야 한다. 다만, 간편장부대상자가 간편장부를 갖춰 놓고 그 사업에 관한 거래 사실을 성실히 기재한 경우에는 장부를 비치, 기록한 것으로 본다."라고 규정되어 있기 때문에 소득에 따라 장부 작성 형태, 공제 등을 고려하여 기장의무를 이행하여야 한다(기장의무에 대한 구체적인 사항은 소득세 끝부분에서 구체적으로 다룬다).

5. 장부의 작성

사업자의 장부작성은 사업소득 금액이 얼마인지에 대한 계산서를 작성하는 과정이며, 이 계산서의 형태가 재무상태표, 손익계산서인 것이다. 회계의 기본에 대한 책이 아니기 때문에, 재무제표에 대한 설명은 생략하고 소득금액의 산출에 초점을 맞추도록 한다.

1) 사업소득

총수입금액 ── 임대료 수입, 간주임대료

\- 필요경비 ┌ 이자비용, 인건비, 복리후생비, 접대비, 감가
          │ 상각비, 수리비, 재산세와 종부세, 교통유발
          └ 부담금, 기타 사업과 관련된 비용
───────────
사업소득금액

위 도표는 종합소득세 계산 구조의 사업소득 부분을 임대 사업시 발생되는 수익, 비용에 대하여 표시한 것이다. 많은 분들이 문의 하시는 부분이 식비와 차량 유지비인데 이 두

비용은 사업과 관련하여 입증이 가능하다면 비용으로 인정받을 수 있는 부분이며 이 경우 사실관계에 따라 달리 판단될 수 있다. 소득금액을 계산하기 위한 수입금액 및 필요경비의 범위에 대한 내용은 다음과 같다.

2) 수입금액

임대료	해당 기간 발생한 임대료
간주임대료	(보증금 적수-건설비 상당액 적수) × 1 / 365 × 정기예금이자율 – 임대 사업 부분에서 발생한 금융수익 〈주택인 경우〉 (보증금 – 3억)의 적수 × 60% × 1 / 365 × 정기예금이자율 – 임대 사업 부분에서 발생한 금융수익 * 주택은 3주택(소형 주택 제외)이상 소유하고, 임대로 받은 보증금 합계액이 3억원 초과 시만 간주임대료를 계산함 * 소형 주택 : 전용 85m^2이하로서 기준시가 3억원 이하인 주택 * 정기예금이자율 : 2.9%

3) 필요경비

이자비용	임대부동산 취득을 위한(사업을 위한) 차입금에 대한 이자비용
인건비	사업과 관련하여 발생된 인건비
복리후생비	사업과 관련한 임직원의 복리후생비
접대비	사업과 관련이 있어야 하며 수입금액 한도를 제외하고 연 1,200만원
감가상각비	취득 건물 또는 시설 등에 대한 감가상각을 통해 비용처리할 수 있으나 향후 발생할 양도소득세를 고려하여야 함.
수리비	임대부동산의 수리에 발생한 비용
재산세,종부세	각종 보유 세금은 경비로 인정됨
교통유발부담금	의무적으로 발생하는 부담금 등은 경비로 인정됨
기타	기타 사업과 관련된 비용

* 부동산임대업은 조특법상 중소기업에 해당하지 않으므로 한도가 1,200만원이다.

6. 주택임대업의 이월결손금 공제

결손금이란 사업으로 인해 발생한 손실을 말한다. 이러한 결손금은 당기나 향후 발생한 소득금액에 대해서 공제 가능하다.

주택임대업에서 발생한 결손금은 다른 종합소득금액에서도 공제가 가능하나, 주택외 부동산 임대업에서 발생한 결손금은 부동산임대업에서 발생한 소득금액에서만 공제가 가능하다.

CHECK 주택의 임대소득 정리

① 주택임대의 과세, 비과세

- 거주자가 1개의 주택을 소유하고 임대하는 경우에 임대소득에 대하여 비과세 한다. 다만, 고가주택 및 국외소재주택은 1주택의 경우에도 임대소득에 대하여 과세 된다.(고가주택 : 과세기간 종료일 또는 해당 주택의 양도일 기준 기준시가 9억원 초과주택)

- 1개의 주택을 소유하는 자의 임대소득에 대하여 비과세하는 것이지 1개 주택의 임대소득에 대하여 비과세 하는 것이 아니다. 즉 2주택을 소유하고 1개의 주택은 거주 나머지 1개의 주택은 임대하는 경우 임대주택에 대하여 과세 된다.

- 주택수의 계산시 부부를 합산하여 판단한다. 부부가 각각 1주택을 소유하고 임대하는 경우에는 소득세가 과세되나, 부모와 자녀가 각각 1개 주택을 소유하고 임대하는 경우에는 비과세 된다.

② 간주임대료

- 3주택 이상을 소유하고 임대하여 받은 보증금의 합계액이 3억원을 초과하는 경우에는 간주임대료를 계산한다.

- 주택 수 판정에 $85m^2$ 이하이고 과세기간의 기준시가가 3억원 이하인 소형주택은 2016.12.31까지 주택 수에 포함하지 않는다.
- 간주임대료 계산시 보증금을 받은 주택이 2이상인 경우 보증금 적수가 큰 주택부터 3억원을 차감한다.

③ 소규모 주택임대소득의 세부담 완화
- 2016.12.31까지 해당 과세기간에 주거용 건물 임대업에서 발생한 총수입금액의 합계액이 2천만원 이하인 자의 주택임대소득에 대해서는 소득세를 과세하지 않는다.
- 2017.1.1 이후에 해당 과세기간에 주거용 건물 임대업에서 발생한 총수입금액의 합계액이 2천만원 이하인 자의 주택임대소득은 분리과세 할 수 있다.(종합소득세 합산 과세방식과 선택가능)
- 분리과세로 인한 산출세액의 계산 방식은 다음과 같다.

분리과세 주택임대소득 =
[주택임대수입 × (1 - 60%) - 400만원*¹] × 14%
*¹주택임대소득을 제외한 종합소득금액이 2,000만원 이하인 경우에만 적용

- 분리과세 주택임대소득만 있는 사업자의 경우에는 소득세법에 따른 (면세)사업자등록의무를 면제한다.

④ 소득세와 부가가치세법

　　소득세법에서는 한 개의 주택을 소유하는 자의 임대소득에 대해서 비과세되나(한 개의 주택인 경우에도 고가주택이나 국외소재주택은 과세), 부가가치세법에서는 주택의 개수와 고가주택 여부에 관계 없이 면세된다.

🏠 실전 예제 1 : 상가임대를 통한 총수입금액의 계산

　　J 씨는 상가를 9억원(감정가 14억 으로 건물 감정가는 8억원)에 낙찰 받아 2016.1.1에 보증금 10,000,000원, 임차료 월 1,200,000원에 임대하였다. J씨의 상가임대를 통한 2016년 총수입금액은 얼마인가?

답변 : 임대료 수입 : 1,200,000 x 12 = 14,400,000

　　간주임대료 : 보증금 1천만원이 건물 가치보다 작아 간주임대료는 없다. 따라서, 총수입금액은 14,400,000원이 된다.

　　참고로, 법원 경매등을 통해 토지,건물을 일괄 경락 받아 각 자산별 가액이 구분되지 아니하는 경우에는 경매를 위하여 감정평가한 각 자산별 감정평가액에 의하여 총경락가액을 안분하여 계산할 수 있다.

　　건설비 상당액 : 9억원 x 8 / 14 = 약 5.1억

🏠 실전 예제 2 : 필요경비의 계산

J 씨는 상가를 9억원(감정가 14억 으로 건물 감정가는 8억원)에 낙찰 받아 2016.1.1에 보증금 10,000,000원, 임차료 월 1,200,000원에 임대하였다. 위 임대기간 동안 부동산 수수료 1,100,000원(부가세 포함), 재산세 1,800,000원, 차량운행으로 인한 유류대 500,000원, 월 이자비용 600,000원, 교통유발 부담금 900,000원 이 발생하였다.

J씨의 상가임대기간 동안 발생한 총필요경비는 얼마인가?

구분	금액
부동산수수료	1,000,000
재산세	1,800,000
이자비용	7,200,000
교통유발부담금	900,000
합계	10,900,000

답변 : 차량 유류대 500,000원은 업무와 관련성이 있는 경우에 필요경비에 넣을 수 있으나, 본 예제에서는 관련 없는 것으로 보았다.

🏠 실전 예제 3 : 종합소득 금액의 계산

J 씨는 앞의 예제 1,2 외에 근로소득금액 35,000,000원과 주택 임대를 통해 매월 600,000원의 임차료를 받고 있다. 주택은 임대주택 외 추가주택은 없으며, 고가주택이 아니다. (예제 1과 같이 총수입금액 14,400,000원이고 예제 2의 필요경비는 10,900,000원이다.)

J씨의 종합소득 금액은 얼마인가?

답변 : 사업소득금액 : 14,400,000 - 10,900,000 = 3,500,000원

근로소득금액 : 35,000,000

1주택을 소유하는 자의 임대소득은 비과세이므로 소득금액에 포함하지 않는다. 따라서 종합소득금액은 35,000,000원이 된다.

🏠 실전 예제 4 : 주택 간주임대료 계산

S 씨는 회사를 다니며 틈틈히 공부한 부동산 지식으로 아파트 투자를 시작했다. 시간이 흘러 5채의 아파트를 보유하게 되었다. 5채의 아파트 내역은 다음과 같다(단, 소형주택에 대한 규정은 없다고 가정한다.)

구분	취득일자	취득가액	토지	건물
A	2011.03.05	280,000,000	140,000,000	140,000,000
B	2012.05.04	210,000,000	84,000,000	126,000,000
C	2013.05.04	250,000,000	125,000,000	125,000,000
D	2015.02.03	200,000,000	110,000,000	90,000,000
E	2015.07.01	180,000,000	108,000,000	72,000,000

임차 현황이 다음과 같을 때 S 씨의 2015년 총수입금액은 얼마인가?

구분	상태	보증금	임차료
A	거주	–	–
B	전세	165,000,000	–
C	전세	230,000,000	–
D	전세	170,000,000	–
E	월세	10,000,000	600,000

답변 : 주택임대로 인한 총수입금액은 임대료와 간주임대료로 나눌 수 있다.

임대료 : E주택의 6개월간의 임대료 600,000 × 6 = 3,600,000원

1주택을 초과하여 소유하고 있기 때문에 1주택에 대한 임대료도 과세된다. 간주 임대료는 다음과 같이 계산된다.

A : 자가 사용으로 임대료 수임이 발생하지 않음

B : (165,000,000 - 70,000,000) x 365 x 60% x 2.9% x 1 / 365 = 1,653,000

C : (230,000,000 - 230,000,000) x 365 x 60% x 2.9% x 1 / 365 = 0

D : (170,000,000 - 0) x 332 x 60% x 2.9% x 1 / 365 = 2,690,564

E : (10,000,000 - 0) x 365 x 60% x 2.9% x 1 / 365 = 174,000

주택의 간주임대료 계산시 차감되는 3억원은 보증금의 적수가 큰 것부터 차감한다. 따라서 C주택에서 차감한 후에 B주택에 대해서 차감한다. D주택의 보증금이 B주택의 보증금보다 크지만 적수는 B주택이 크기 때문에 D주택 보다 B주택에서 먼저 차감하여 계산한다. 현재의 규정대로 라면 모든 주택이 소형주택에 해당되어 간주임대료 계산 대상이 아니지만, 소형주택에 대한 규정은 2016.12.31까지 한시적인 규정이기 때문에 투자의 보수적 관점에서 계산해본 것이다.

계산을 토대로 S씨의 2015년 임대로 인한 총수입금액은 8,117,564원 된다. 다만 2016년 말까지 주거용 건물임대업에서 발행한 총수입금액의 합계액이 2천만원 이하는 비과세하기 때문에 추가적인 세부담은 발생하지 않는다.

🏠 실전 예제 5 : 소규모 주택임대소득의 과세

상황은 예제 4와 동일한 것으로 하여 주거용 부동산 총수입금액이 8,117,564원 발생하였으며 필요경비는 없다고 가정한다. 이 소득이 2017년도에 발생한 것으로 가정할 때 예상되는 세부담은 얼마인가? 단, 부동산 임대소득외 3,500만원의 종합소득금액이 있다고 가정한다.

답변 : 소득금액 수준으로 볼 때 분리과세 하는 것이 세율이 낮기 때문에 분리과세하여 다음과 같이 계산한다.

8,117,564 x (1- 60%) x 14% = 454,584원

주택임대소득에 대한 과세 문제는 세수 확보와 민생지원이 상충되는 부분이기 때문에 2017년 이후에도 비과세를 연장할 것인지에 대한 명확한 답변을 할 수가 없다. 다만 요즘 부동산 시장에서 투자 목적으로 주택을 취득하는 경우라도 단기보유 목적으로 취득하는 경우가 많지 않기 때문에 보수적인 관점에서 수익률을 고려하여야 할것이다.

2015년 근로소득금액 3,000만원, 부동산임대업 외 사업소득금액 2,000만원, 부동산 임대업으로 인한 결손금이 3,000만원이고, 2016년 근로소득금액 3,000만원, 부동산임대업 외 사업소득금액 2,500만원, 부동산 임대업으로 인한 소득금액 2,000만원 이다.

부동산 임대업이 주택임대업인 경우와 상가인 경우 각각 2015년도와 2016년도의 종합소득금액은 얼마인가?

답변 :

주택임대업인 경우

2015 : 30,000,000 + 20,000,000 - 30,000,000 = 20,000,000

2016 : 30,000,000 + 25,000,000 + 20,000,000 = 75,000,000

상가임대업인 경우

2015 : 30,000,000 + 20,000,000 = 50,000,000

2016 : 30,000,000 + 25,000,000 + (20,000,000 - 20,000,000)

= 55,000,000

위와 같이 주택임대사업으로 인한 결손금은 다른 종합소득금액에서 공제가 가능하나 주택외의 부동산임대사업에서 발생한 소득은 다른 소득에서 결손금을 공제할 수 없다.

결손금은 발생한 과세기간의 종료일 부터 10년 이내에 끝나는 과세기간 까지 결손금의 공제가 가능하다. 주택 외의 임대사업 에서 발생한 결손금도 결손 이후 충분한 임대 소득이 발생하는 경우 시간의 차이는 있지만 모든 결손금을 공제받을 수 있다. 하지만 처분하거나 충분한 소득이 발생하지 않는다면 이월결손금을 공제 받을 수가 없게 되어 주택임대사업에 비해 손실이 발생할 수 있다.

7. 종합소득공제

종합소득공제란 지금까지 알아본 종합소득금액에서 차감하여주는 공제를 말하고, 종합소득금액에서 종합소득공제를 차감하여 종합소득세 과세표준을 계산하는 것이다.

각종 공제들은 개인의 상황에 따라 다르기 때문에, 같은 직장에서 같은 급여를 받는 사람이라도 공제금액에 차이가 발생한다. 본서에서 공제는 근로소득과 부동산 임대소득이 있는 경우를 중심으로 다룰 것이다.

공제는 종류도 다양하고 매년 개정 사항도 있기 때문에 전체적인 구조에 대한 줄기를 잡고 필요한 부분을 찾아가는 방식으로의 접근이 적절할 것으로 판단된다. 따라서 설명되는 부분이 전체 소득세 계산과정 중 어떤 부분에 해당하는지 파악하기 쉽도록 표시할 수 있다.

	종합소득금액			
-	종합소득공제	인적공제	– 기본공제	
	과세표준		– 추가공제	
×	기본세율	연금보험료공제		
	산출세액	주택담보노후연금 이자비용공제		
-	감면·공제세액	특별소득공제		
	결정세액	조세특례제한법상 소득공제		
+	가산세			
	총결정세액			
-	기납부세액			
	자진납부세액			

1) 인적공제 - 기본공제

다음의 요건에 해당하는 경우 1명당 연 150만원을 그 거주자의 해당 과세기간의 종합소득금액에서 공제한다.

다음의 표에서 나이 및 소득 요건이 '×'라는 것은 조건 없이 무조건 공제대상에 포함된다는 것이다. 예를 들어 배우자는 나이에 관계없이 기본공제를 적용받아 150만원 소득공제 할 수 있지만 자녀가 만 20세가 넘게 되면 기본공제를 적용 받을 수 없게 된다.

구분		나이요건	소득요건
본 인		×	×
배우자		×	○
생계를 같이 하는 부양가족	거주자의 직계존속	○	○
	거주자의 직계비속과 입양자(직계비속이 장애인이면 그 장애인 배우자포함)	○	○
	거주자의 형제자매	○	○
	기초 생활 수급자	×	○
	위탁아동	○	○

- 나이요건

  만 20세 이하, 만 60세 이상에 해당할 것(단, 위탁아동은 만 18세 이하이며 장애인은 나이제한 없음)

- 소득요건

  소득금액 연 100만원 이하에 해당할 것(근로소득만 있는자는 총급여액 500만원 이하)

- 입양자

  입양 상태에 있는 자로서 거주자와 생계를 같이 하는 사람

- 생계를 같이 하는 부양가족 범위

  ① 원칙 : 동거가족으로 해당 거주자의 주소 또는 주소에서 현실적으로 생계를 같이 하는 사람

  ② 예외

    - 배우자, 직계비속, 입양자는 동거와 무관하게 항상 생계를 같이 하는 자로 본다. 즉 별거중인 배우자도 기본공제 대상자 이다.

    - 거주자 또는 동거가족(직계비속, 입양자 제외)이 취학 질병 등으로 일시 퇴거한 경우에도 생계를 같이 하는 자로 본다.

    - 직계존속이 주거 형편에 따라 별거하고 있는 경우에는 생계를 같이 하는 사람으로 본다.

종합소득금액		
-	종합소득공제	인적공제
	과세표준	
×	기본세율	
	산출세액	
-	감면·공제세액	
	결정세액	
+	가산세	
	총결정세액	
-	기납부세액	
	자진납부세액	

인적공제 ─ 기본공제
       ─ 추가공제

연금보험료공제
주택담보노후연금 이자비용공제
특별소득공제
조세특례제한법상 소득공제

2) 인적공제 - 추가공제

기본공제 대상자가 다음 중 어느 하나에 해당하는 경우에는 거주자의 해당 과세기간 종합소득금액에서 아래의 구분별로 정해진 금액을 추가로 공제한다(해당 년도에 단 하루라도 충족되는 날이 있는 경우, 공제 가능하다).

구 분	공제금액	조건
장애인공제	200만원	장애인
경로자공제	100만원	만 70세 이상
부녀자공제	50만원	종합소득금액 3천만원 이하 배우자 또는 부양가족이 있는 경우
한부모공제	100만원	배우자가 없고 직계비속 또는 입양자가 있는경우

* 부녀자공제와 한부모공제가 중복 적용되는 경우 한부모공제 적용.

인적공제 합계액이 종합소득금액을 초과하는 경우에는 그 초과하는 공제액은 없는 것으로 한다.

	종합소득금액		
-	**종합소득공제**	인적공제	– 기본공제
	과세표준		– 추가공제
×	기본세율	**연금보험료공제**	
	산출세액	주택담보노후연금 이자비용공제	
-	감면·공제세액	특별소득공제	
	결정세액	조세특례제한법상 소득공제	
+	가산세		
	총결정세액		
-	기납부세액		
	자진납부세액		

3) 연금보험료 공제

- 종합소득이 있는 거주자가 공적연금 관련법에 따른 기여금 또는 개인부담금을 납입한 경우에는 해당 과세기간 종합소득금액에서 연금보험료를 전액공제한다(국민연금,공무원연금 등).
- 연금보험료 공제액은 해당 과세시간에 납입한 연금보험료 전액

- 종합소득공제를 모두 합한 금액이 종합소득금액을 초과하는 경우, 초과하는 금액을 한도로 연금보험료공제를 받지 않은 것으로 한다. 연금 보험료 공제를 받지 않은 금액은 연금, 일시금 수령시 소득세를 과세하지 않는다.

	종합소득금액
-	**종합소득공제**
	과세표준
×	기본세율
	산출세액
-	감면·공제세액
	결정세액
+	가산세
	총결정세액
-	기납부세액
	자진납부세액

인적공제
  - 기본공제
  - 추가공제
연금보험료공제
주택담보노후연금 이자비용공제
특별소득공제
조세특례제한법상 소득공제

4) 주택담보노후연금 이자비용 공제

- 주택담보노후연금이란 금융기관이 고령자 소유의 주택을 담보로 제공받고 고령자에게 매월 연금방식으로 노후생활자금을 지급하는 대출

- 연금소득이 있는 자가 주택담보노후연금을 받는 경우에는 다음의 금액을 해당 과세기간에 연금소득금액에서 공제한다.
- 주택담보노후연금 이자비용 공제액 = Min(①, ②, ③)
  ① 받은 연금에 대하여 해당 과세기간에 발생한 이자비용 상당액
  ② 200만원
  ③ 연금소득 금액

	종합소득금액	
-	종합소득공제	
	과세표준	
×	기본세율	
	산출세액	
-	감면·공제세액	
	결정세액	
+	가산세	
	총결정세액	
-	기납부세액	
	자진납부세액	

인적공제
 – 기본공제
 – 추가공제
연금보험료공제
주택담보노후연금 이자비용공제
특별소득공제
조세특례제한법상 소득공제

5) 특별소득공제

특별소득공제는 근로소득이 있는 거주자가 해당 과세기간에 건강보험료 등이나 주택관련자금을 지급하는 경우 공제하는 것으로 건강보험료 등 소득공제와 주택자금 소득공제가 있다.

- 보험료소득공제

  근로소득이 있는 거주자가 해당 과세기간에 법에 따라 근로자가 부담하는 건강보험료, 고용보험료, 노인장기요양보험료를 근로소득금액에서 공제

- 주택자금공제의 공제대상 및 공제 금액

  ① 주택마련저축

  총 급여액이 7,000만원 이하이며 무주택 세대주로 청약저축 또는 주택청약종합저축에 납입한 금액, 공제 가능 납입액 한도 연 240만원(2015.1.1 이전 가입자는 총 급여 7,000만원을 초과하는 자도 2017.12.31이 속하는 납입분까지 납인한도 120만원까지 가능)

  ② 임차 차입금 원리금 상환액

  무주택 세대주로 국민주택규모의 주택을 임차하기 위하여 지급하는 차입금의 원리금 상환액

③ 장기주택저당 차입금 이자

　무주택 세대 또는 1 주택을 보유한 세대의 세대
주가 기준 시가 4억원 이하인 주택을 취득하기 위
하여 차입한 차입금 이자

• 소득공제액

소득공제액	한도
① 주택마련 저축납입액 ×40%	공제 Min(ㄱ,ㄴ)
② 주택임차차입금원리금 상환액 ×40%	ㄱ : ①+②
	ㄴ : 연 300만원

소득공제액	한도
① 주택마련 저축납입액 ×40%	공제 Min(ㄱ,ㄴ)
② 주택임차차입금원리금 상환액 ×40%	ㄱ : ①+②+③
③ 장기주택저당차입금이자상환액	ㄴ : 연 300만원[1]

[1] 상환기간 및 방식에 따라 300 ~ 1,800만원의 한도가 있음

	종합소득금액		
-	**종합소득공제**	인적공제	– 기본공제
	과세표준		– 추가공제
×	기본세율	연금보험료공제	
	산출세액	주택담보노후연금 이자비용공제	
-	감면·공제세액	특별소득공제	
	결정세액	**조세특례제한법상 소득공제**	
+	가산세		
	총결정세액		
-	기납부세액		
	자진납부세액		

6) 조세특례제한법상 소득공제

• 신용카드 등 사용금액에 대한 소득공제

① 근로소득이 있는 거주자의 근로소득금액에서 공제

② 누더기 개정으로 배움에 대한 효율성이 매우 낮기 때문에 공제금액 계산에 대한 내용은 생략하고 공제를 위한 내용만 확인한다. 공제 금액은 연말정산된 근로소득원천징수 영수증의 신용카드 소득공제 금액을 확인하도록 한다.

③ 카드 등의 사용에 있어서는 전통시장에서 사용, 직불(현금영수증)카드, 신용카드 순으로 사용하는 것이 유리하다.

④ 전통시장, 대중교통, 직불카드, 현금영수증 사용이 직전 과세기간보다 증가한 경우 추가 공제가 있다.

⑤ 공제대상 카드사용자의 범위에 다음의 사용자가 포함된다.

- 배우자로서 소득금액이 100만원 이하인 자
- 직계존비속으로 연간 소득금액이 100만원 이하인 자로 나이는 불문한다.

⑥ 신용카드공제 사용 범위에 다음의 내역은 제외한다.

- 보험료 또는 공제료
- 상품권 등 유가증권 구입비
- 국외에서의 신용카드 등 사용액
- 금융, 보험용역 관련 지급액
- 국가 및 지방자치단체 등에 지급하는 사용료, 수수료 등

⑦ 신용카드소득공제에 각종공제가 적용되는 보험료와 교육비, 제세공과금, 리스료 등의 사용금액은 배제된다.

- 소기업.소상공인 공제부금 공제

① 소기업, 소상공인공제에 가입하여 공제부금을 납부하는 경우

② 공제금액 = Min(㉠, ㉡)

ㄱ 출자금액

ㄴ 한도 : 연 300만원

* 2016년. 1월. 1일 이후 가입자 부터는 사업소득금액에서 공제된다.

7) 종합소득공제의 한도

다음 공제금액의 합계액이 2,500만원을 초과하는 경우에는 그 초과하는 금액은 없는 것으로 한다.

대상
특별소득공제 : 주택자금소득공제
청약저축 등에 대한 소득공제
우리사주조합 출자에 대한 소득공제
소기업소상공인 공제
장기집합투자증권저축 소득공제
신용카드 등 사용금액에 대한 소득공제

8. 산출세액

　소득을 합산한 종합소득금액에서 종합소득공제를 차감하여 과세표준을 계산하게 되고, 과세표준에 누진세율을 적용하여 산출세액을 계산한다. 산출세액 계산을 위한 세율은 아래와 같이 소득구간이 변경될 때 마다 약 10% 정도의 세율이 증가하기 때문에, 같은 소득이라도 수인이 나누어 부담하게 되면 세금이 감소하는 것이다. 그래서 부부가 소득을 나누고 종합소득공제를 누구에게 받는 것이 유리한지 비교해 보는 것이다.

(단위:만원)

종합소득금액		
- 종합소득공제	**과세표준**	**누진공제방식**
과세표준	1,200 이하	과표 × 6%
× 　기본세율	1,200 초과 4,600 이하	과표 × 15% - 108
산출세액	4,600 초과 8,800 이하	과표 × 24% - 522
- 감면·공제세액	8,800 초과 15,000 이하	과표 × 35% -1,490
결정세액	15,000 초과	과표 × 38%-1,940
+ 　　가산세		
총결정세액		
- 　기납부세액		
자진납부세액		

일반적인 과세표준에 위의 세율을 적용하면 산출세액을 계산할 수 있다. 하지만 종합소득금액에 이자, 배당소득이 포함되어 있는 경우와 부동산 매매사업자의 경우 세액계산에 대한 특례가 존재하며 본서의 의도를 벗어나기 때문에 계산에 대한 내용은 생략한다.

🏠 실전 예제 1 : 종합소득 산출세액의 계산

J씨는 사업소득 12,000,000원 근로소득 35,000,000원 있으며 종합소득공제액은 9,000,000원이다. J씨의 산출세액은 얼마인가?

답변 :

과세표준 : 12,000,0000 + 35,000,000 - 9,000,000 = 38,000,000원
산출세액 : 38,000,000 × 15% - 1,080,000 = 4,620,000원

과세표준이 3,800만원이므로 과세기준 1,200만원~4,600만원에 해당하여 최고세율 15%를 적용받고, 낮은 세율 적용에 대한 금액 108만원을 차감하여 계산한다. 예제와 같이 누진공제 방식으로 계산하지 않고, 일반적인 방법을 적용하여 1,200만원 이하는 6%, 초과는 15%를 적용하는 방식으로 계산하여도 계산결과는 동일 하다.

12,000,000 × 6% + 26,000,000 × 15% = 4,620,000

9. 세액공제, 감면

세액공제는 산출세액에서 일정액을 차감하는 것으로 종합소득공제와의 차이점은 세율을 적용하기 전후의 차이다.

	종합소득금액	
-	종합소득공제	기장세액공제
	과세표준	근로소득세액공제
×	기본세율	자녀 및 다자녀세액공제
	산출세액	출산,입양세액공제
-	감면·공제세액	연금계좌세액공제
	결정세액	특별세액공제
+	가산세	월세세액공제
	총결정세액	정치자금세액공제
-	기납부세액	전자신고세액공제
	자진납부세액	

1) 기장세액공제

• 공제대상

간편장부 대상자가 복식부기에 따라 기장하여 신고하고 재무제표 등을 제출하는 경우에 다음의 금액이 공제된다(간편장부 등에 대한 내용은 "11.기장의무"에서 확인하자).

- 공제금액 = Min(㉠,㉡)

    ㉠ : 산출세액 × 복식부기 기장된 사업소득금액/종합소득금액 × 20%

    ㉡ : 한도 연 100만원

2) 근로소득세액공제

- 공제대상

    근로소득이 있는 거주자는 다음의 금액을 공제 한다.

- 근로소득 산출세액 130만원을 기준으로 다음과 같이 공제 가능 금액을 계산한다.

산출세액	공제금액
130만원 이하	근로소득 산출세액 × 55%
130만원 초과	715,000+(근로소득산출세액 − 1,300,000) × 30%

- 근로소득 산출세액은 다음과 같은 방식으로 계산한다.

$$근로소득산출세액 = 종합소득산출세액 × \frac{근로소득금액}{종합소득금액}$$

근로소득과 다른소득이 합산과세 되는 경우 근로소득만 있을 때와 달리 한도가 변동 될 수 있다.

- 총 급여액 구간별 한도액

총급여액	한도액
3,300 이하	74만원
3,300 초과 7,000 이하	Max(①,②) ① 74만원 − (총급여액 − 3,300만원) × 8/10000 ② 66만원
7,000 초과	Max(①,②) ① 66만원 − (총급여액 − 7,000만원) × 50% ② 50만원

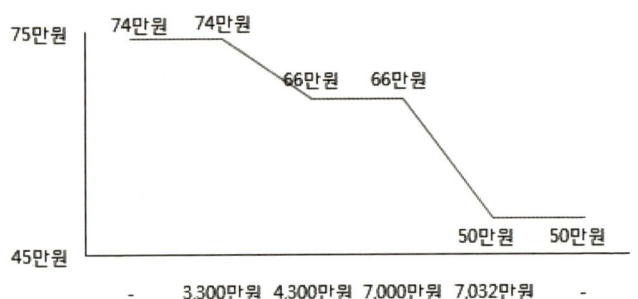

🏠 실전 예제 1 : 근로소득 세액공제의 계산

J씨는 사업소득금액 1,200만원, 근로소득금액 3,300만원(근로소득 4,500만원, 근로소득공제 1,2000만원)이며 종합소득 공제액은 900만원이다. J씨의 근로소득 세액공제액은 얼마인가?

답변 :

과세표준 : 12,000,0000 + 33,000,000 - 9,000,000 = 36,000,000원

산출세액 : 36,000,000 × 15% - 1,080,000 = 4,320,000원

근로소득 산출세액 : 4,320,000 × 33 / 45 = 3,168,000원

근로소득 세액공제 : Min(1,275,400원*, 660,000원) = 660,000원

* 715,000 + (3,168,000-130,000) × 30% = 1,275,400

위 계산 결과 근로소득 세액공제는 660,000원이 적용된다. 근로소득이 일정 수준 이상인 경우 일반적으로 근로소득 세액공제는 본 예제와 같이 한도에 걸리게 된다.

	종합소득금액	
-	종합소득공제	기장세액공제
	과세표준	근로소득세액공제
×	기본세율	자녀 및 다자녀세액공제
	산출세액	출산,입양세액공제
-	감면·공제세액	연금계좌세액공제
	결정세액	특별세액공제
+	가산세	월세세액공제
	총결정세액	정치자금세액공제
-	기납부세액	전자신고세액공제
	자진납부세액	

3) 자녀 및 다자녀 세액공제

- 자녀세액공제

  ① 공제대상

    종합소득이 있는 거주자의 기본공제대상자에 해당하는 자녀가 있는 경우 다음의 금액을 세액공제한다.

  ② 1명 : 연 15만원, 2명 : 연 30만원

  ③ 3명 이상 : 30만원 + 2명 초과 인원 당 연 30만원 공제

- 다자녀세액공제

  ① 공제대상

    종합소득이 있는 거주자의 기본공제대상자에 해

당하는 6세이하 자녀가 2명 이상인 경우 세액공제
한다.

② 1명 초과 인원당 연 15만원 공제

	종합소득금액	
-	종합소득공제	기장세액공제
	과세표준	근로소득세액공제
×	기본세율	자녀 및 다자녀세액공제
	산출세액	**출산,입양세액공제**
-	감면·공제세액	연금계좌세액공제
	결정세액	특별세액공제
+	가산세	월세세액공제
	총결정세액	정치자금세액공제
-	기납부세액	전자신고세액공제
	자진납부세액	

4) 출산,입양세액공제

- 공제대상

  출생하거나 입양 신고한 공제대상자녀가 있는 경
  우 다음의 금액을 세액공제한다.

- 공제금액

  연 30만원×해당 과세시간에 출산, 입양자 수

	종합소득금액	
-	종합소득공제	기장세액공제
	과세표준	근로소득세액공제
×	기본세율	자녀 및 다자녀세액공제
	산출세액	출산,입양세액공제
-	감면·공제세액	**연금계좌세액공제**
	결정세액	특별세액공제
+	가산세	월세세액공제
	총결정세액	정치자금세액공제
-	기납부세액	전자신고세액공제
	자진납부세액	

5) 연금계좌세액공제

- 공제대상

  다음을 제외한 연금계좌에 납입된 금액이 있는 거주자

  ① 소득세가 원천징수 되지 않은 퇴직소득 등 과세가 이연 된 소득

  ② 연금계좌 간 계약을 이전한 경우

- 공제금액 = Min(①,②) × ③

  ① 연금계좌 납입액(한도 연 400) + 퇴직연금계좌 납입액

  ② 한도 : 연 700만원

  ③ 종합소득금액이 4천 이하인 경우 15%, 초과시 12%(근로소득만 있는 경우 : 총 급여 5,500만원 이하 15%, 초과 12%)

	종합소득금액	기장세액공제
-	종합소득공제	근로소득세액공제
	과세표준	자녀 및 다자녀세액공제
×	기본세율	출산,입양세액공제
	산출세액	연금계좌세액공제
-	감면·공제세액	**특별세액공제**
	결정세액	월세세액공제
+	가산세	정치자금세액공제
	총결정세액	전자신고세액공제
-	기납부세액	
	자진납부세액	

6) 특별세액공제

- 보험료세액공제

  ① 근로소득이 있는 거주자가 다음의 보험료를 지급
     하는 경우 세액공제한다.

  ② 공제금액 =㉠ × 15% + ㉡ × 12%

     ㉠ 장애인 전용 보장성보험(한도 100만원, 기본공제
        대상자 중 장애인을 피보험자 또는 수익자로 하는
        장애인 전용 보험료)

     ㉡ 일반 보장성보험(한도 100만원, 기본공제 대상자
        를 피보험자로 하는 보험)

- 의료비 세액공제

① 공제대상 : 근로소득이 있는 거주자가 기본공제대
상자를 위하여 지출한 의료비(소득 및 나이요건이
없음)

② 의료비 세액공제액 = (㉠+㉡) × 15%

㉠ 본인, 65세이상, 장애인에게 지출한 의료비와 난
임시술비

㉡ Min(ⓐ,ⓑ)

ⓐ "㉠"외 기본공제 대상자를 위한의료비 - 총
급여 × 3%

ⓑ 연 700만원

③ 의료비의 범위

㉠ 진찰, 진료, 질병예방을 위하여 의료법에 따른
의료기관에 지급한 비용

㉡ 치료, 요양을 위하여 약사법에 따른 의약품을 구
입하고 지급하는 비용

㉢ 장애인 보장구 및 의사, 치과의사, 한의사 등의
처방에 따라 의료기기를직접 구입 또는 임차하
기 위하여 지출한 비용

㉣ 시력보정용 안경, 콘텍트렌즈 구입비용으로 기
본공제대상자 1명당 연 50만원 이내의 금액

    ⑩ 미용, 성형수술, 건강증진 의약품 구입을 위한

      비용은 포함하지 않음

- 교육비 세액공제

  ① 공제대상 : 근로소득이 있는 거주자가 기본공제 대

    상자를 위하여 지출한 교육비

  ② 교육비 세액공제액 = Min(㉠,㉡) × 15%

    ㉠ 교육비 지출액

      소득, 증여세가 비과세되는 학자금 – 장학금 수

      령액

    ㉡ 한도

      본인은 한도 없음. 가족은 대학생 1명당 900

      만원, 고등학교 이하 1명당 300만원. 장애인은

      한도 없음

- 기부금 세액공제

    기부금 세액공제는 각 기부금에 대한 구분, 계산 방

법에 대한 내용이 많기 때문에 본서에서는 다루지 않

는다.

		기장세액공제
	종합소득금액	
−	종합소득공제	근로소득세액공제
	과세표준	자녀 및 다자녀세액공제
×	기본세율	출산,입양세액공제
	산출세액	연금계좌세액공제
−	감면·공제세액	특별세액공제
	결정세액	월세세액공제
+	가산세	정치자금세액공제
	총결정세액	전자신고세액공제
−	기납부세액	
	자진납부세액	

7) 월세 세액공제

- 주택을 소유하지 않은 세대의 세대주로서 총 급여액
  이 7천만원(종합소득금액 6천만원) 이하인 근로소득
  이 있는 거주자가 일정한 요건을 충족한 경우 다음과
  같이 세액공제 한다.

  ① 공제금액 = Min(㉠,㉡) × 10%

  ㉠ 주택을 임차하기 위하여 지급한 월세액

  ㉡ 750만원

- 공제요건

  ① 주택법에 따른 국민주택규모(전용 85m^{2}이하)일 것

  ② 주택에 딸린 토지가 도시지역은 정착면적의 5배

(그 밖의 토지는 10배)를 초과하지 않을 것

③ 임대차계약서의 주소지와 주민등록본의 주소지가 같을 것

- 신청시 필요서류

① 주민등록 등본(전입여부를 확인하기 위한 것)

② 임대차 계약서

③ 월세 납입 증빙자료(계좌이체 내역 등)

주택 임대사업을 하는 경우, 월세 세액공제를 정확히 알고 대비하는 것이 중요하다. 그 이유는 월세를 납부하는 임차인이 공제 가능한 경우에 해당되면 공제를 받으려 할 것이고, 그것은 임대인의 소득이 노출되는 결과를 가져온다. 과거 임차인과 협의하여 월세에 대한 세액공제를 받지 않도록 하는 경우가 있었다. 하지만 세액공제를 법정 신고기한 경과 후, 3년 이내에 신청할 수 있기 때문에 임대차 기간이 만료된 후, 세액공제를 신청한다면 후에 소득이 노출되는 결과가 발생할 수 있다.

🏠 실전 예제 1 : 월세 세액공제의 계산

U씨는 무주택 세대주로 총 급여액이 6,000만원이다. 2015년. 1월. 1일 P씨와 15평형 아파트에 대해 월세 임대차계약을 체결하고 보증금 500만원에 월세 60만원에 계약하였다.

2015년도 U씨의 월세 세액공제액과 P씨의 납부할 세액은 얼마인가? (단, P씨의 다른 소득은 없다고 가정한다.)

답변 : U씨의 월세세액공제액

Min(600,000 × 12 = 7,200,000원, 7,500,000원) × 10% = 720,000원

P씨는 주택임대소득이 2,000만원 이하에 해당하여 비과세 한다.

종합소득금액
− 종합소득공제   기장세액공제
───────────
　 과세표준   근로소득세액공제
× 기본세율   자녀 및 다자녀세액공제
───────────
　 산출세액   출산,입양세액공제
− 감면·공제세액   연금계좌세액공제
───────────
　 결정세액   특별세액공제
+ 　가산세   월세액공제
───────────
　 총결정세액   정치자금세액공제
− 기납부세액   전자신고세액공제
───────────
　 자진납부세액
▯▯▯▯▯▯▯▯▯▯▯▯▯▯▯▯

8) 정치자금 세액공제

- 거주자가 정치자금법에 따라 정당에 기부한 정치자금
  공제

- 정치자금세액공제 = ① + ②

  ① 10만원까지 : 기부금액 × 100/110

  ② 10만원 초과 : 사업자 외 − (기부금액 − 10만원) × 15%

  (단, 3천만원 초과시 25%)

  사업자외 : (기부금액−10만원)×15%(단, 3천만원 초과시 25%)

9) 전자신고 세액공제

납세자가 직접 전자신고 방법에 의하여 종합소득세 과표를 신고하는 경우 2만원을 세액공제 함.

10) 소형주택 임대사업자에 대한 세액감면

소형주택 임대사업자에 대한 세액감면이란 다음의 일정한 조건을 충족한 경우, 소득세 및 법인세를 감면해주는 제도를 말한다.

- 조건
  ① 시·군·구청장 및 관할세무서에 임대사업자 등록
  ② 1 세대당 85m² 이하
  ③ 주택과 토지의 기준시가 합계액이 3억 이하
  ④ 3호 이상, 4년 이상 임대
- 공제금액 = 산출세액 × 30% 세액감면

소형주택 임대사업에 대한 세액감면 30%는 매우 큰 혜택이지만, 사전에 충분히 고려하여야 할 사항이 있는데 바로 "4대 보험과 한시적 법률"이라는 것이다(감각상각의제와 관련된 문제도 있으나 본서에서는 다루지 않는다).

4대보험 중 문제가 되는 부분은 건강보험료이다. 소득이 없던 자가 사업소득이 발생하여 5월 종합소득세를 신고납부하게 되면 피부양자 자격이 박탈되어, 12월 부터 지역가입자로 건강보험료를 납부하게 된다. 건강보험료는 소득, 재산 등에 따라 납부금액이 결정되기 때문에 사람마다 다르지만 일반적으로 납부금액이 상당하기 때문에 추가적인 건강보험료가 발생하는 경우, 감면에 대한 혜택 이상으로 지출이 발생할 가능성이 높다.

다음으로 이 규정은 2016년 12월 31일 이전에 발생한 소득에 대하여 감면하도록 하고 있다. 임대사업자로의 등록을 유도하기 위해 몇 번 더 연장될 가능성이 없지는 않지만 정책의 방향에 따라 언제든지 변경될 가능성이 있다.

🏠 실전 예제 1 : 소형주택 임대사업자의 세액공제

S씨는 임대주택법 및 소득세법상의 사업자등록을 하였으며, 국민주택 규모의 주택 3채를 임대하고 있다. 임대주택은 각각 보증금 10,000,000원, 월600,000원에 임대하고 있다.

필요경비는 9,201,600원이며, 종합 소득공제는 4,000,000만원으로 한다(소형주택 임대사업자의 세액공제의 세액공제 및 감면은 없는 것으로 한다).

2015년도 S씨의 결정세액은 얼마인가?

구분	임대사업자
수입금액	21,600,000
필요경비	9,201,600
사업소득금액	12,398,400
종합소득공제	4,000,000
과세표준	8,398,400
산출세액	503,904
세액감면	151,171
결정세액	352,733

답변 : 수입금액은 600,000 × 3채 × 12개월 = 21,600,000원에 의해 계산되었으며, 주택임대로 인한 총수입금액이 2천만원을 초과하여 전부 과세된다.

수입금액 이후 필요경비와 종합 소득공제는 상황에 제시된 금액을 차감하여 계산한 후 임대사업자에 대한 세액공제 30%를 차감하여 결정세액을 계산한다.

향후, 소형주택 임대사업자의 요건을 유지하지 않는 경우, 그 사유가 발생한 날이 속하는 과세연도의 과세표준을 신고할 때 감면받은 세액을 소득세 또는 법인세로 납부하여야 한다.

10. 공동사업장

공동사업장 이란 사업소득이 발생하는 사업을 공동으로 경영하고, 그 손익을 분배하는 사업을 말한다. 이 경우 공동 사업장을 1거주자로 보아 소득금액을 계산하고 공동사업자 에게 분배한다. 임대사업자의 경우 공동명의로 재산을 취득 하면, 공동으로 사업자등록을 하게 되어 공동사업장이 된다. 공동사업을 하는 경우 다음과 같은 특징이 있다.

1) 공동사업자의 소득분배

- 원칙 : 손익분배비율에 의한 소득분배

  ① 손익분배 비율이란 공동사업자간 약정된 손익분 배 비율에 의하고, 약정이 없는 경우에는 지분비율 에 따른다.

  ② 소득을 분배 받지 않았더라도 손익분배비율에 따 라 공동사업자별로 분배하여 소득금액을 계산한다.

- 예외 : 합산과세

  ① 특수관계인이 공동사업자에 포함되어 있고, 손익

분배 비율을 거짓으로 정하는 경우에는 특수 관계인의 소득금액은 주된 공동사업자의 소득금액으로 본다(ex, 지분비율 등과 현저하게 다른 경우, 조세회피 목적으로 사업을 경영하는 경우).

- 결손금 분배

결손금은 각 공동사업자별로 분배된 금액의 범위 내에서 공동 사업자의 다른 사업장의 동일 소득 또는 다른 종합소득과 통산한다.

2) 공동사업장의 특례

- 원천징수된 세액, 가산세의 분배 : 손익분배 비율에 따라 분배한다.
- 장부의 비치, 기록 등 의무이행 : 공동사업장을 1사업자로 보아 관련규정을 적용한다.

3) 공동사업장의 기타사항

- 공동사업자 과세표준 확정신고

과세표준 확정신고서와 함께 해당 공동사업장에서 발생한 소득과 그 외의 소득을 구분한 계산서, 공동사업자별 소득금액 등 분배명세서 작성 제출한다.

- 공동임대사업장 취득을 위하여 차입한 자금에 대한 이자비용은 해당 차입금을 출자금 성격의 차입금으로 보는 경우 필요경비에 해당하지 않는다. 공동으로 취득한 임대사업장이 구분등기가 가능하고 사용수익이 명확히 구분되는 경우 각각 사업자등록 신청가능하여 이자비용을 모두 필요경비로 인정받을 수 있다.

- 간이과세의 판단

   해당사업장을 하나의 거주자로 보기 때문에 공동사업자 중 그 구성원이 일반과세가 적용되는 사업장을 운영하고 있는 경우에도 간이과세를 적용 받을 수 있다.

🏠 실전 예제 1 : 공동사업장 소득금액

A,B,C씨는 공동명의로 상가를 낙찰받아 임대하였다. 지분비율은 A가 30%, B가 35%, C가 35% 이며, 임대차 계약은 보증금 20,000,000원에 월 임차료 4,000,000원이다. 건물의 취득을 위해 차입한 자금에 대한 이자비용으로 A,B,C는 각각 월 80만원을 부담하고 있다(본 자료 외 다른 사항은 없다고 가정한다).

공동사업장에서 발생하는 1년간 사업소득 금액은 얼마인가?

답변 : 사업소득금액 : 4,000,000 × 12 = 48,000,000원이다. 공동사업장에 사업 자산을 취득하기 위한 출자금 성격의 차입금에 대해서는 이자비용이 필요경비에 해당되지 않는다. 구체적인 사항은 '공동사업자의 이자비용' 부분에서 확인하자.

🏠 실전 예제 2 : 공동사업장 소득분배

실전 예제 1과 같은 상황에서 A씨는 공동사업장외 근로소득금액 3천만원, 사업소득금액 15,000,000원이 있다. 종합소득공제는 15,000,000원, 세액공제는 2,000,000원 이라고 가정한다. A씨의 결정세액은 얼마인가?

답변 :

종합소득금액 : 48,000,0000 × 30% + 30,000,000 + 15,000,000 = 59,400,000원

과세표준 : 59,400,000 - 15,000,000원 = 44,400,000원

산출세액 : 44,400,000 × 15% - 1,080,000 = 5,580,000원

결정세액 : 5,580,000 - 2,000,000 = 3,580,000원

예제와 같이 공동사업장의 소득은 공동사업장 사업소득금액에서 손익분배비율(A는 30%)에 따라 분배하고 다른 소득과 합산하여 납부세액을 계산한다.

CHECK 공동사업자의 이자비용

1. 공동임대사업자의 이자비용 공제

공동 임대사업자가 임대건물을 취득하기 위하여 차입한 자금에 대한 이자비용이 필요 경비에 해당되는지 여부는 공동계약의 내용 및 출자금의 실제 사용내역 등에 따라 판단되어야 한다.

2. 서울 고등법원 2005누22779, 2008. 08. 22 판례 등으로 건물 취득을 위한 차입금을 출자금 성격으로 보아 이자비용에 대한 필요경비로 인정하지 않고 있다.

※ 판례(소득, 서울고등법원 2005누22779, 2008. 08. 22)의 원고의 주장

차입금은 원고 등이 이 사건 부동산을 매수함에 있어 매수자금 중 중도금의 일부로 사용하였고, 이 사건 (중략) 이 사건 ③ 차입금은 이 사건 부동산의 임대차 보증금반환에 사용하였다. 따라서, 이 사건 각 차입금은 원고 등이 이 사건 부동산에서 공동사업자로서 부동산임대업을 영위함에 있어 임대소득을 얻기 위하여 사용된 부채라 할 것이므로, 그 부채에 대한 이 사건 지급이자는 모두 부동산임대소득의 필요경비로 산입되어야 할 것인데, 이 사건 각 차

입금이 부동산임대사업과 무관하다고 판단한 이 사건 부과처분은 위법하다. 즉, 원고의 주장은 사업을 위하여 발생한 차입금에 대한 이자비용이기 때문에 공제받아야 한다는 것이다. 본 판례의 판단을 보면, ① 차입금의 지급이자가 이 사건 부동산의 임대업무와 관련된 필요경비인지 여부를 보건대, …(중략)… ① 차입금이 이 사건 부동산의 매수자금의 용도로 사용되었다 하더라도, 이 사건 ① 차입금은 공동사업자인 원고가 공동임대사업을 영위하기 위하여 문○철과 약정된 각 지분비율에 따라 공동사업장에 출자하여야 할 자신의 출자지분에 상응한 자금을 대출받은 것으로서 공동사업 출자를 위한 개인적인 채무의 부담이지 이 사건 부동산의 공동임대사업 자체와는 무관한 부채라 할 것이므로 …(중략)…원고의 부동산임대소득 산정을 위한 필요경비에 산입될 수 없다고 할 것이다. ③ 차입금의 지급이자가 이 사건 부동산의 임대업무와 관련된 필요경비인지 여부를 보건대, …(중략)… 부동산임대업을 공동으로 영위하기 위해서는 이 사건 부동산을 먼저 출자하여야 하는 점에 비추어 보면, 원고 등이 위 임차보증금반환채무를 인수한 것은 개인적으로 인수한 것이라고 할 것이므로, 원고 등이 이 사건 부동산을 매수함에 있어 현금으로 출자한 부분 이외에 각자의 지분비율로 임차보증금반환채무를 인수한 부분도 역시 공동사업 출자를 위한 개인적인 채무의 부담이지 이 사건 부동산의 공동임대사업

자체와는 무관한 부채이어서 , …(중략)… 부동산임대소
득 산정을 위한 필요경비에 산입될 수 없다고 할 것이다.

위 판례에서 공동임대사업자가 임대부동산을 취득하기
위한 자금에 대한 차입금 이자비용을 필요경비로 인정하
지 않는다.

3. 대법원2011두15466의 판례로 부동산 취득에 대한 자
금을 출자금이 아닌 부동산 임대업을 위하여 발생한 차입
금으로 보아 필요경비를 인정해주고 있다.

※ 판례

거주자가 부동산임대업을 자기 자본에 의하여 경영할
것인지 차입금에 의하여 경영할 것인지는 거주자 개인의
선택에 달린 문제이므로,..(중략)... 특별한 사정이 없는 한,
그 차입금채무는 부동산임대업을 영위하는데 필요한 자산
에 대응한 부채로서 사업에 직접 사용된 부채에 해당한다
고 보아야 하고, 따라서.. (중략).. 필요경비에 해당한다고
보아야 한다.

위와 같이 공동임대사업자의 부동산 취득을 위하여 발
생한 차입금은 동업계약의 내용 및 출자금의 실제 사용내
역 등에 따라 달라지기 때문에 적절한 검토가 필요하다.

11. 기장의무

소득세 초반에 간단히 살펴본 사업자의 기장의무에 대해서 정리하면 다음과 같다.

구분		장부 및 조정방식	기장 세액공제	무기장 가산세
수입금액 *	5억원 이상	성실신고 확인대상	×	○
	1억 5천 이상	외부조정 대상		
	7,500만원 이상	복식부기 의무자		
	7,500만원 미만	간편장부대상자	○	○
	4,800만원 미만		○	×

(* 수입금액 : 직전년도 수입금액 기준)

1) 간편장부

- 간편장부 : 다음의 사항을 기재할 수 있는 장부로 국세청장이 정하는 것을 말한다.

  ① 매출액 등 수입에 관한 사항

  ② 경비 지출에 관한 사항

③ 고정자산의 증감에 관한 사항, 기타 참고사항
- 간편장부 대상자
  ① 해당 과세기간에 신규로 사업을 개시한 사업자
  ② 직전 과세기간의 수입금액의 합계액이 7,500만원
  에 미달 하는 자

2) 복식부기 의무자

간편장부 대상자 외의 사업자는 복식부기의무자이기 때문에 복식부기에 따라 장부를 비치 기장하여야 한다. 일반사업소득에 부동산임대업에서 발생한 소득이 포함되어 있는 경우 구분하여 회계 처리하여야 한다.

3) 외부조정

세법과 기업회계와의 차이를 조정하기 위해 작성하는 서류를 조정계산서라고 하는데, 이 조정계산서를 일정한 기준에 해당하는 경우, 세무사 등이 작성하여야 하는 것을 말한다.
- 직전 과세기간의 수입금액이 1억 5천만원 이상인 경우
- 복식부기 의무자로 직전과세기간 소득세 과표와 세액을 추계결정, 경정 받은 자

- 복식부기 의무자로서 직전 과세기간 중에 사업을 시
  작한 자

4) 성실신고 확인

일정 규모 이상인 사업자에 대해서 세무사 등에게 장부의
기장 내용의 정확성 여부를 확인받아 종합 소득과세표준 확
정신고를 하는 제도를 말한다.

5) 기장 세액공제

간편장부 대상자가 복식부기에 따라 기장하여 신고하고,
재무제표 등을 제출하는 경우에 가능한 공제를 말한다.

(종합소득세 세액공제 참고)

6) 무기장가산세

사업자가 장부를 비치 기록하지 않았거나, 장부에 따른
소득금액이 기장하여야 할 금액에 미달하는 경우 다음의 금
액을 가산한다.

$$\text{무기장가산세} = \text{종합소득산출세액} \times \frac{\text{무기장(미달기장)소득금액}}{\text{종합소득금액}} \times 20\%$$

7) 추계신고

장부나 그 밖의 증명서류에 의해 소득금액을 계산할 수 없는 경우 사용하는 방법으로 단순경비율 대상자와 기준경비율 대상자로 나눌 수 있다

- 단순경비율 적용대상자
  ① 신규로 사업을 개시한 사업자로 해당 과세기간 수입금액이 7,500만원에 미달하는 자
  ② 직전 과세기간의 수입금액의 합계액이 2,400만원에 미달하는 자
- 기준경비율 적용대상자
  단순경비율 대상자 외 기준경비율 적용

대 상	추계 소득금액 계산식
단순경비율	추계 소득금액 = 수입금액 × (1 – 단순경비율)
기준경비율	추계소득금액 = Min(①,②) ① 기준소득금액 = 수입금액 • 매입비용과 사업용 고정자산의 임차료 • 종업원의 급여와 임금 및 퇴직급여 • 간편장부대상자 : 수입금액 × 기준경비율 (복식부기의무자 : 수입금액 × 기준경비율 × 50%) ② 비교소득금액 = [수입금액 × (1– 단순경비율)] × 배율 ※ 배율 : 간편장부 대상자 2.4배, 복식부기 의무자 3배

※ 단순경비율 및 기준경비율은 부록참고

8) 장부기장과 기타사항

- 복식부기 의무자의 추계신고

    신고하지 않은 것으로 보기 때문에 무신고 가산세와 무기장 가산세 대상이나 금액이 큰 것을 적용하고 같은 경우에는 신고불성실 가산세만 부담한다.

- 외부조정 대상자가 자기 조정계산서를 제출한 경우 신고하지 않은 것으로 보아 무신고 가산세를 납부하여야 한다.

- 임대사업자의 추계신고시 간주임대료

    추계에 의한 소득금액은 간주임대료 계산시 건물 취득가액 및 은행예금 이자를 차감하지 않는다. 임대건물의 경우 대부분 건설비 상당액이 크기 때문에 간주임대료가 발생하지 않지만 추계의 경우, 간주임대료가 발생되어 수입금액이 증가하게 된다.

구분	간주임대료 계산
기장에 의한 경우	(보증금 적수 - 건설비 상당액 적수) × 1 / 365 × 정기예금이자율 - 임대사업 부분에서 발생한 금융수익
추계에 의한 경우	(보증금 적수) × 1 / 365 × 정기예금이자율

- 적자가 발생한 경우 향후 이월결손금으로 인정받기 위해서는 장부를 기장하여야 한다.

실전 예제 1 : 추계시와 기장시의 소득금액

상가를 토지 1억 5천, 건물 1억원에 취득하여, 보증금 2천만원과 월임차료 200만원으로 임대하고 있다. 해당 과세기간에 이자비용 650만원, 재산세와 수리비 등으로 150만원이 발생하였으며, 관련 증빙은 적절하게 수령하였다(단순경비율 : 38.4%, 기준경비율 : 21.1%로 가정한다).

위와 같은 경우 일반적인 경우와 추계시의 사업소득금액을 계산하라.

답변 :

1) 단순경비율을 적용할 경우

24,580,000-(24,580,000×38.4%)=15,141,200으로 추계의 경우가 유리하다.

2) 기준경비율에 해당하는 경우와 추계시의 소득금액을 계산하면 다음과 같다.

일반	금 액	추계시	금 액
임대매출	24,000,000[1]	임대매출	24,580,000[2]
필요경비	8,000,000	필요경비	5,186,380[3]
사업소득금액	16,000,000	사업소득금액	19,393,620

[1] : 2,000,000 x 12 = 24,000,000

보증금이 건물 가치보다 낮아 간주임대료 없음

⁽²⁾ : 임차료 : 2,000,000 x 12 = 24,000,000

　간주임대료 : 20,000,000 x 2.9% = 580,000

⁽³⁾ : 기준경비율을 이용한 필요경비 : 24,580,000 x 21.1% = 5,186,380

3) 정상적인 방식을 통한 신고와 추계시의 사업소득금액 계산에는 다음과 같은 차이가 발생한다.

- 임대매출
  추계시는 간주임대료 계산시 건물 가치를 차감하지 않지 않아 수입금액이 증가한다.
- 필요경비
  추계시 경비율을 사용하여 필요경비가 계산된다.

　결국 위와 같은 이유로 약 300만원의 사업소득금액 차이가 발생하고, 한계세율이 15%라고 할 경우 약 50만원의 세금이 더 발생한다.

🏠 실전 예제 2 : 기장 세액공제

　　상가를 토지 1억 5천, 건물 1억원에 취득하여, 보증금 2천만원과 월임차료 2,500,000원으로 임대하고 있다. 해당 과세기간의 필요경비는 재산세 및 부동산 중개수수료로 총 4,000,000원이 발생하였으며, 종합소득공제는 4,000,000원 이다. 당해년도에 신규로 사업을 개시하지 않았으며, 직전 과세기간의 수입금액은 2,400만원을 초과한다.

　　위와 같을 때 복식부기로 장부를 기장한 경우와 추계시의 결정세액을 계산하라.

답변

복식부기	금 액	추계시	금 액
임대매출	30,000,000[1]	임대매출	30,580,000[2]
필요경비	4,000,000	필요경비	6,452,380[3]
사업소득금액	26,000,000	사업소득금액	24,127,620

[1] : 2,500,000 x 12 = 30,000,000

　　보증금이 건물 가치보다 낮아 간주임대료 없음

[2] : 임차료 : 2,500,000 x 12 = 30,000,000

　　간주임대료 : 20,000,000 x 2.9% = 580,000

[3] : 기준경비율을 이용한 필요경비 : 30,580,000 x 21.1% =6,452,380

복식부기	금 액	추계시	금 액
종합소득공제	4,000,000	종합소득공제	4,000,000
과세표준	22,000,000	과세표준	20,127,620
산출세액	2,220,000	산출세액	1,939,143
세액공제	444,000[1]	세액공제	-
결정세액	1,776,000	결정세액	1,939,143

(1) : 2,200,000 x 20% = 444,000

보증금이 건물 가치보다 낮아 간주임대료 없음

일반적으로 상가의 경우 재산세 등의 비용으로 연간 약 1~2개월의 임대료가 지출되기 때문에 복식부기시의 필요경비를 400만원으로 하여 계산한 것이다. 이때 산출세액은 추계의 방식으로 계산한 금액이 복식부기의 경우보다 낮지만 기장세액공제 적용하면 복식부기의 경우에 세액이 더 감소함을 확인할 수 있다.

상가를 토지 1억 5천, 건물 1억원에 취득하여, 보증금 2천만원과 월임차료 4,200,000원으로 임대하고 있다. 해당 과세기간의 필요경비는 재산세 및 부동산 중개수수료로 총 6,500,000원이 발생하였으며, 종합소득공제는 4,000,000원 이다. 당해년도에 신규로 사업을 개시하지 않았으며, 직전 과세기간의 수입금액은 4,800만원을 초과한다.

위와 같을 때 복식부기로 장부를 기장한 경우와 추계시의 결정세액을 계산하라.

답변 :

복식부기	금 액
임대매출	50,400,000[(1)]
필요경비	6,500,000
사업소득금액	43,900,000

추계시	금 액
임대매출	50,980,000[(2)]
필요경비	10,756,780[(3)]
사업소득금액	40,223,220

[(1)] : 4,200,000 x 12 = 50,400,000

보증금이 건물 가치보다 낮아 간주임대료 없음

[(2)] : 임차료 : 4,200,000 x 12 = 50,400,000

간주임대료 : 20,000,000 x 2.9% = 580,000

[(3)] : 기준경비율을 이용한 필요경비 : 50,980,000 x 21.1% = 10,756,780

복식부기	금 액		추계시	금 액
종합소득공제	4,000,000		종합소득공제	4,000,000
과세표준	39,900,000		과세표준	36,223,220
산출세액	4,905,000		산출세액	4,353,483
세액공제	981,000[1]		세액공제	-
가산세	-		가산세	870,697[2]
결정세액	3,924,000		결정세액	5,224,180

[1] : 기장 세액공제 : 4,905,000 x 20% = 981,000

[2] : 무기장 가산세 : 4,353,483 x 20% = 870,697

직전사업년도 수입금액이 4,800만원 이상인 경우에 장부를 작성하지 않으면 무기장 가산세가 발생한다. 위와 같은 수입 구간(수입금액 4,800만원 ~ 7,500만원)에서는 복식부기로 장부를 작성하면 세액공제를 적용하고, 추계의 방법으로 신고하면 가산세를 부과하기 때문에 100만원 이상의 차이가 발생하게 된다. 따라서 소득구간에 따른 적절한 장부의 작성이 요구된다.

V.
재산세

1. 재산세란?

　토지, 건축물, 주택, 선박 및 항공기의 보유에 대하여 그 보유자에게 부과하는 시·군세(또는 구세)이다. 즉, 임대업을 위해 재산을 보유하고 있는 경우 재산세가 부과된다. 재산세는 임대수익의 감소로 이어지기 때문에 사전 수익율 평가시에 고려되어야 한다. 재산세 특성상 정확한 금액을 예측하기 어렵기 때문에 과거 재산세 수준에서 어림잡아 예측하여야 한다. 실무에서 투자를 목적으로 월임차료 중 1~2개월 임차료를 재산세 등의 기타비용으로 차감하고 수익율을 예상한다.

1) 납세의무자

- 과세기준일(매년 6월 1일) 현재 재산을 사실상 소유하고 있는 자

구분	대상
공유재산	지분에 해당하는 부분에 대해서 지분권자가 납부
주택의 건물과 토지의 소유가 다른경우	산출세액을 건물과 토지의 시가표준액 비율로 한분계산한 부분으로 각각 납부
소유가 변경되었으나 신고하지 않은경우	공부상의 소유자
상속등기가 이행되지 않은 경우	주된 상속자

- 과세기준일인 6월 1일에 재산을 소유하고 있는 자에게 종합부동산세와 재산세가 부과되기 때문에 처분예정 부동산의 경우에는 가능한 6월 1일전에 처분하고 매수 예정인 부동산에 대해서는 6월 1일 이후에 취득함으로써 불필요하게 발생하는 세금을 절약할 수 있다.

2) 재산세의 과세대상 구분

구 분		과세대상별 재산세
토지	분리 과세대상 토지	토지에 대한 재산세
	별도 합산과세대상 토지	
	종합 합산과세대상 토지	
주택[1]		주택에 대한 재산세
건축물, 선박, 항공기		건축물, 선박, 항공기에 대한 재산세

[1] 주택 : 주거생활을 영위할 수 있는 구조로 된 건축물 및 그 부속 토지를 의미하므로 토지와 건축물의 범위에서 주택은 제외한다.

재산세의 과세대상은 위 표와 같이 크게 토지, 주택, 선박 등으로 나누며 토지는 분리과세, 별도 합산과세, 종합 합산 과세 대상으로 나누어 과세된다.

3) 토지에 대한 과세대상 구분

구 분	분리 과세	별도 합산 과세	종합 합산 과세
농지, 목장용지 및 임야	O (0.07%)		
골프장 및 고급오락장용 토지	O (4%)		
공장용지 및 공급목적으로 소유하는 토지	O (0.2%)		
위 이외 일반건축물 부속토지		O	
기타의 모든 토지			O

종합 합산과세 대상 토지는 나대지, 잡종지, 기준 면적 초과하는 토지 등으로 분리과세 대상토지와 별도 합산과세 대상토지 이외의 토지를 말한다.

4) 과세 표준

과세표준은 아래 표와 같이 시가표준액을 기초로 산정한다.

과세대상 구분	과세표준
토지, 건축물	시가표준액 × 70%
주 택	시가표준액 × 60%
선박, 항공기	시가표준액

※ 시가표준액?
① 토지 : 개별공시지가(국토해양부 부동산 공시가격 알리미에서 조회가능)
② 건물 : 공시가격(서울시 이텍스에서 조회 가능)
③ 기타자산 : 가격, 신축, 제조, 종류, 구조, 용도, 내용연수 등으로 시·군·구청장이 정한 금액

2. 세율

1) 건물 : 과세표준 × 0.25%

2) 토지

과표	세율
2억원 이하	과세표준 × 0.2%
2억 초과 10억 이하	과세표준 × 0.3% - 20만원
10억원 초과	과세표준 × 0.4% - 120만원

3) 주택

과표	세율
6천만원 이하	과세표준 × 0.1%
6천만원초과 1억5천만원 미만	과세표준 × 0.15% - 3만원
1억 5천만원 초과 3억원 이하	과세표준 × 0.25% - 18만원
3억원 초과	과세표준 × 0.4% - 63만원

3. 재산세 납세절차

1) 납기일

구분		납기
주택	50%	7월 16일 ~ 7월 31일
	50%	9월 16일 ~ 9월 30일
토지		9월 16일 ~ 9월 30일
건축물, 선박, 항공기		7월 16일 ~ 7월 31일

2) 징수방법

지방자치단체장이 세액을 산정하여 보통징수의 방법으로 부과, 징수 한다.

고지서 1장당 재산세 징수할 세액이 2,000원 미만인 경우 징수하지 않음.

4. 주택 임대사업자와 재산세 감면

다음의 요건에 해당하는 자가 관할 시·군·구청에 임대사업등록을 한 후 사업자등록을 하는 경우 재산세가 감면된다.

1) 재산세 감면 공통 요건

- 시·군·구청장에게 임대사업자 등록
- 관할 세무서에 임대사업자 등록
- 공동주택 또는 준주택 중 오피스텔을 2세대 이상 임대

2) 재산세 감면 비율 및 세부 요건

구분	면적		
	40㎡ 이하[1]	60㎡ 이하[2]	85㎡ 이하[3]
재산세	면제	50% 감면	25% 감면

[1] 30년 이상 임대 목적의 공동주택인 경우에 해당되며, 재산세 및 지역 자원시설세를 모두 면제

⁽²⁾ 재산세의 50% 경감하고, 지역자원시설세를 면제

⁽³⁾ 재산세의 25%를 경감

재산세의 경우 취득세와 신규 분양이 아니어도 2세대이상 임대하는 경우에는 가능하며, 감면 이후에 임대 호수가 감소 하더라도 추징되는 세금은 없다.

VI.
폐업
(양도, 상속, 증여)

1. 임대사업의 폐업

임대사업자가 자산을 이전하게 되면 실질적으로 사업을 마감하게 되어 폐업한다. 폐업하는 경우 과세사업자는 다음 달 25일까지 부가세를 신고 및 납부하여야 하며, 소득세는 다음년도 종합소득세 신고시에 신고 및 납부한다. 부가가치세를 신고 및 납부하지 않는 경우 가산세가 부과될 수 있으니 주의하자.

자산을 이전하는 방식에는 양도, 상속, 증여 등의 방법이 있는데, 이전 방식에 따라 관련세법이 적용되고 세금을 납부하게 된다. 재산 이전과 관련된 세금은 분야가 많고 내용도 방대하기 때문에 본서에서는 초보 수준의 양도소득세와 몇 가지 주의사항만 언급하고자 한다.

2. 양도소득세

임대사업자가 자산을 이전하게 되면 실질적으로 사업을
마감하게 되어 폐업한다.

	양도가액
-	취득가액
	양도차익
-	장기보유특별공제
	양도소득금액
-	양도소득기본공제
	양도소득과세표준
×	세율
	산출세액
-	세액감면·공제
	결정세액

1) 양도, 취득가액

양도가액 또는 취득가액은 그 자산의 양도 또는 취득 당
시의 실지거래가액에 따른다. 다만 실지거래가액을 인정 또
는 확인할 수 없는 경우에는 다음의 추계방법을 순차로 적용
하여 양도가액 또는 취득가액을 산정할 수 있다.

① 매매사례가액

② 감정가액

③ 환산가액

④ 기준시가

2) 취득가액의 범위

취득가액에는 자본적 지출액 및 양도비를 포함하며, 자본적 지출액 및 양도비에는 다음의 것들이 포함된다.

- 취득세, 등록세
- 부동산 중개수수료, 법무사 수수료
- 국민주택채권 매각 손차익
- 자본적 지출(보일러, 상하수도 교체, 발코니, 배란다 확장 등)
- 양도세 신고 시 발생하는 세무대리인 비용
- 국민주택채권 매각 차손
- 토지조성, 묘지이장, 산림 복구, 기반시설 부담금
- 경매 취득시 지급의무가 있는 유치권 변제액
- 경매 취득시 전소유자의 체납된 관리비
- 경매 취득한 주택의 대항력 있는 임차인에게 지급한 보증금

취득가액에 포함하여 양도소득세를 계산할 때 몇 가지 주의할 사항이 있다.

임대사업 중에 임대자산을 감가상각하여 필요경비로 인식한 경우, 필요경비에 포함된 만큼 양도세 계산시 취득가액에서 감소한다. 같은 방식으로 건물 대수선 등 자본적 지출도 감가상각 가능한데, 감가상각하여 사업비용으로 처리한 경우 양도세 계산시 취득가액에 포함되지 않는다. 따라서 사전 비교를 통해 유리한 방식으로 처리하여야 한다.

경매로 낙찰받은 경우 전소유자의 체납된 관리비는 필요경비에 해당하지 않는다는 예규가 있지만, 대법원에서 필요경비로 인정하는 취지의 판결을 내리기도 했고, 관련법상 의무적으로 부담하여야 하는 부분이기 때문에 취득가액에 포함하는 방향으로 나아갈 것이다.

3) 장기보유특별공제

장기간 축전된 보유이익이 양도시점에 한꺼번에 실현됨으로 인해 과도하게 높은 세율을 적용받는 효과를 완화하기 위하여 장기보유 특별세액 공제를 적용한다.

이 공제는 토지 및 건물로서 보유기간이 3년이상인 것과 조합입주권 등에 대하여 적용한다.

장기보유 특별공제액 = 자산의 양도차익 × 보유기간별 공제율

보유기간	보유기간별 공제율	
	일반자산	1세대 1주택
3년 이상	10%	24%
4년 이상	12%	32%
5년 이상	15%	40%
6년 이상	18%	48%
7년 이상	21%	56%
8년 이상	24%	64%
9년 이상	27%	72%
10년 이상	30%	80%

4) 양도소득기본공제

양도소득이 있는 거주자에 대해서 해당 과세기간의 양도소득금액에서 250만원을 공제한다. 이때 250만원의 공제는 양도 자산별로 양도시마다 적용되는 것이 아니라 한 과세기간(1년)마다 한번씩 적용되는 것에 유의 하여야 한다.

5) 세율

토지와 건물에 대한 양도 소득세율은 다음과 같으며, 하나의 자산이 세율 중 둘 이상에 해당할 때에는 양도소득 산출세액이 큰 것을 그 세액으로 한다.

(아래 표의 기본세율은 소득세법상의 종합 소득세율을 말한다.)

- 토지와 건물에 대한 양도소득세율

보유기간 2년 이상인 것		기본세율
보유기간 1년 이상 2년 미만	주택 및 조합원 입주권	기본세율
	일반	40%
보유기간 1년 미만	주택 및 조합원 입주권	40%
	일반	50%
비사업용 토지		기본세율 + 10%
미등기 양도자산		70%

3. 폐업의 기타사항

- 폐업일이 속하는 다음달 25일까지 부가가치세 신고 및 납부를 완료하여야 한다.
- 계약기간이 남아 있는 임차인을 양수인에게 승계하지 않고 사업을 양도하거나 임차인 변경, 양수인의 사업장 사용의 경우 사업의 양도로 보지 않아 부가가치세를 신고·납부하여야 한다.
- 폐업시 잔존재화 규정에 의해 부가가치세가 과세될 수 있으니 세금계산서 발행대상 여부를 정확히 확인하여야 한다.

VII.
기타

1. 소형 주택임대사업자의 공제 감면

소형주택 임대사업자란 임대주택법상 임대사업자를 등록하고 세법상 사업자등록을 한 내국인을 말한다. 이 내용은 각 세법별로 해당하는 분야에서 다루었으나 전체적인 내용을 파악하여 의사결정에 도움을 주기 위해 한번에 간략히 정리 하였다.

1) 주택임대사업자의 혜택

다음과 같은 혜택이 존재하나 사업자등록으로 인한 건강보험료 증가, 세원관리의 대상이 되는 것에 유의하여야 한다.

구분	면적		
	40㎡이하	60㎡이하	85㎡이하
취득세	면제		–
종부세	합산배제		
소득세	20% 세액감면		
재산세	면제	50% 감면	25% 감면
양도세	양도세 중과세 배제, 장기보유 특별공제		

2) 조건

- 취득세

  ① 취득일로 부터 60일 이내 사업자 등록하여야 함

  ② 공동주택 또는 준주택 중 오피스텔을 최초로 분양 받은 물건만 가능

  ③ 60m^2 이하의 공동주택 또는 오피스텔에만 해당됨

  ④ 4년 이상 임대

- 재산세

  ① 2호 이상 임대

  ② 면적별로 감면비율이 다름

  ③ 유지 조건이 없음

- 소득세

  ① 3호 이상, 4년 이상 임대

  ② 1세대당 85m2 이하

  ③ 주택과 토지의 기준시가 합계액이 3억 이하

- 종합부동산세

  ① 과세기준일 공시가격이 6억원 이하

  (수도권 밖의 지역 3억원)

  ② 5년 이상 계속하여 임대하여야 한다.

- 양도세

  1세대가 임대주택과 그 밖의 1주택을 국내에 소유하

고 요건을 충족하는 경우 다음의 혜택이 있다.

① 임대주택 외 일반주택 양도시 다음의 요건을 충족
   하는 경우 비과세 한다.

   ㉠ 보유와 거주가 각각 2년 이상

   ㉡ 임대개시일 당시 6억(수도권 밖지역 3억원)을 초
      과하지 않은 주택

② 임대주택 양도시 다음의 장기보유 특별공율을 추
   가로 적용한다.

   ㉠ 6년 이상 임대한 후 양도하는 경우, 그 주택을
      양도함으로써 발생하는 소득에 대해서는 장기보
      유 특별공제액을 계산할 때 다음의 공제율을 추
      가 적용한다.

임대기간	일반자산	추가공제율
6년 이상 7년 미만	18%	2%
7년 이상 8년 미만	21%	4%
8년 이상 9년 미만	24%	6%
9년 이상 10년 미만	27%	8%
10년 이상	30%	10%

2. 면세사업자의 사업장 현황신고

사업장 현황신고란 부가가치세가 면제되는 면세개인사업자가 지난 1년간의 수입금액과 사업장 현황을 다음연도 2월 10일까지 관할세무서장에게 신고하는 것을 말한다. 즉, 주택임대사업자는 면세에 해당되기 때문에 사업장 현황 신고를 하여야한다.

1) 제출서류

- 사업장현황신고서
- 매출처별 계산서 합계표
- 매입처별 계산서 합계표
- 매입처별 세금계산서 합계표
- 주택임대업자 수입금액 검토표
- 각종비용 수취내역

2) 가산세

제출기한 내에 매출·매입처별 계산서 합계표와 매입처별 세금계산서 합계표를 제출하지 않거나, 사실과 다른 경우 공급가액의 1%에 해당하는 금액을 결정세액에 더한다.

다만, 세금계산서나 계산서가 없는 경우로서 사업장현황 신고를 하지 아니한 경우 별도의 가산세는 없다.

CHECK 사업장 현황신고서 예시

■ 소득세법 시행규칙 [별지 제19호서식] 〈개정 2014.3.14〉

홈택스(www.hometax.go.kr)에서도 신청할 수 있습니다.

사업장현황신고서

● 뒤쪽의 작성방법을 읽고 작성하시기 바라며, [ ]에는 해당되는 곳에 √표를 합니다. (앞쪽)

관리번호				처리기간 즉시	

과세기간	2014년 1월 1일 ~ 2014년 12월 31일			

사업자	상호	성실임대	사업자등록번호 135-90-*****	공동사업 [ ]여 [√]부
	성명	김 성 실	주민등록번호 680101-*******	
	사업장소재지	경기 수원 영통 ****		전화번호 031-750-****
	전화번호	031-750-****	휴대전화 010-111-****	전자우편주소 aaa@***.net

① 수입금액(매출액) 내역
(단위: 원)

	업 태	종 목	업종코드	합 계	수입금액	수입금액 제외
(1)	부동산임대	주거용건물임대	701102	10,800,000	10,800,000	
(2)						
(3)						
	합 계			10,800,000	10,800,000	

② 수입금액(매출액) 결제수단별 구성명세
(단위: 원)

합 계	신용카드 매출	현금영수증 매출	그 밖의 매출	
			계산서발행금액	기타매출
10,800,000				10,800,000

③ 적격증빙(계산서·세금계산서·신용카드) 수취금액
(단위: 원)

합 계	매입 계산서		매입 세금계산서		신용카드·현금영수증
	전자계산서	전자계산서 외	전자세금계산서	전자세금계산서 외	매입금액
0	0	0	0	0	0

④ 기본사항 (과세기간 종료일 현재)
(단위: ㎡, 원, 대, 명)

건물면적(전용면적)	시 설 현 황			종업원 수
	임차보증금	차량	그 밖의 시설	
200.00	0	0	0	0

⑤ 기본경비 (연간금액)
(단위: 원)

합 계	임차료	매입액	인건비	그 밖의 경비
4,500,000	0	0	0	4,500,000

⑥ 폐업신고

폐업연월일	. .	폐업사유	

첨부서류(해당내용 표기) 신고인은 「소득세법」 제78조 및 같은 법 시행령 제141조에 따라 신고하며,

■ 소득세법 시행규칙 [별지 제19호의7서식] 〈개정 2013.2.23〉

주택임대사업자 수입금액 검토표

(앞쪽)

1. 기본사항

①사업자등록번호	135-90-*****	②상 호	성실임대	③성 명	김성실
④임대업등록번호	123-*****	⑤종 목	주거용임대	⑥업종코드	701102
⑦생 년 월 일	68.1.1	⑧전화번호		월세여부	[O] 여 [ ] 부

2. 총수입금액 명세(별지 작성 가능)

(단위 : ㎡, 원)

구 분		⑨합 계	임대물건(1)	임대물건(2)	임대물건(3)
⑩주택 소재지			수원 영통 ***	수원 영통 ***	수원 영통 ***
- 주택의 종류			다가구주택	다가구주택	다가구주택
⑪취득(신축)일자			2007.1.2	2007.1.2	2007.1.2
⑫건물면적			60	60	60
60임차인	⑬성 명		김**	이**	박**
	⑭주민등록번호		780101-******	680101-******	550101-******
⑮임 대 기 간			2014.1.1~12.31	2014.1.1~12.31	2014.1.1~12.31
임대계약내용	⑯보 증 금		30,000,000	40,000,000	30,000,000
	⑰월 세		200,000	400,000	300,000
⑱월세 수입금액		10,800,000	2,400,000	4,800,000	3,600,000
⑲보증금 등의 수입금액 (보증금3억원 초과분의 60%에대한이자상당액)		0			
⑳임대료 수입금액 =(⑱+⑲)		10,800,000			

주택임대사업자에 대한 수입금액 및 기본현황을 위와 같이 신고합니다.

※ 홈텍스에서 직접 작성 가능하며, 예시 및 양식은 국세청 홈페이지에서 확인 가능하다.

3. 임대사업 "개인사업자 vs 법인사업자"

많은 개인 임대사업자 분들이 막연히 법인 전환을 통해 세금을 절약할 수 있다고 생각한다. 물론 개인소득세율 보다 법인세율이 낮기 때문에 세금을 절약할 수 있을 것처럼 보인다. 하지만 법인전환이 큰 차이 없이 관리만 복잡해질 가능성이 있으며, 심각하게는 손실이 발생할 수 있기 때문에 사전에 적절한 분석이 필요하다.

다음의 예제를 통해 개인임대사업자와 법인 임대사업자의 세부담액을 비교하여 보자.

1) 계산의 가정
- 월 260만원(연간 31,200,000원의 임대소득이 발생하는 것으로 가정)
- 경비는 상가 임대사업자의 단순경비율인 36.9%가 발생하는 것으로 한다.
- 근로소득의 한계세율은 24%가 적용된다.

구분	개인사업자	구분	법인
사업수입금액	31,200,000	수입	31,200,000
필요경비	11,512,800	비용	11,512,800
사업소득금액	19,687,200	당기순이익	19,687,200
세율	24%	세율	10%
세금부담액	4,724,928	법인세 산출세액	1,968,720
		소득세(배당소득세)	2,480,587
		총부담세액	4,449,307
		차액(개인 - 법인)	275,621

※ 배당소득세는 법인의 소득을 유보하지 않고 전액 배당하는 것으로 가정하여 '(당기순이익-산출세액) × 원천징수세율'으로 계산하였다.

개인사업자의 경우 근로소득과 합산과세가 되기 때문에 사업소득금액에 24%의 한계 세율을 적용하여 임대사업으로 인한 세부담액을 계산하였다. 법인으로 전환한 경우 법인세 부담액 1,968,720원과 배당소득세 2,480,587원을 가산하여 총 4,449,307원을 부담하게 된다. 이때 차액 275,621원 만큼 법인이 유리하게 된다. 하지만 소득세율이 더 낮은 경우 법인전환시 불리하게 되며 다음과 같은 이유로 법인으로의 전환이 많은 불편을 야기한다.

- 장부의 관리에 대한 비용(시간) 증가
- 법인의 토지, 주택 등 양도소득에 대한 추과 과세
- 향후 양도시 소득이전 문제
- 인건비 처리에 대한 4대 보험료
- 법인 전환 비용

따라서 개인사업자를 법인으로 전환하는 것은 단순히 소득세율과 법인세율의 비교뿐만 아니라 다양한 관점에서 분석되고 판단하여야만 이상적인 결과를 만들어 낼 수 있다.

※ 기준, 단순경비율(세분류 : 부동산 임대업)

코드 번호	세세분류	적용범위 기준	단순 경비율	기준 경비율
701101	주거용 건물임대업	○「소득세법」제12조에 따른 기준시가가 9억원을 초과하는 주택 * 전대(→701300)	34.1	16.1
701102	주거용 건물임대업	○ 기준시가가 9억원을 초과하지 않는 아 파트, 공동주택, 다가구주택, 단독주택 등의 임대 * 전대(→701300)	42.6	19
701103	주거용 건물임대업 (장기임대 공동주택)	○ 조세특례제한법」제97조에 따른 장기임대주택 (공동주택 및 5호 이상 단독주택 임대) * 다만, 2001.1.1일 이후 임대사업 개시한 경우에도 적용함	60.2	24.2
701104	주거용 건물임대업 (장기임대 다가구주택)	○「조세특례제한법」제97조에 따른 장기임대주택 (다가구주택 임대) * 다만, 2001.1.1일 이후 임대사업 개시한 경우에도 적용함	61.1	24.4
701201	비주거용 건물임대업	○사업용 건물임대(공장건물 임대 포함) ○건물과 토지를 함께 임대한 경우 건물에 정착 된 토지면적의 3배 이내의 토지포함	38.4	21.1

코드 번호	세세분류	적용범위 기준	단순 경비율	기준 경비율
701202	비주거용 건 물임대업	○대지 소유자가 타인인 점포임대 (공장건물임대포함) ○소규모 점포 임대 ●해당 사업장의 연간 부동산 임대 수입금액이600만원 미만인 점포를 임대하는 사업자	36.9	16.9
701203	비주거용 건 물임대업	○지식산업센터 임대 ●「산업집적활성화 및 공장설립에 관한 법률」 제2조, 제13호에 따른 다층형 집합 건축물 임 대 – 아파트형 공장 등 임대	51.7	21.1
701204	비주거용 건 물임대업	○광고용 건물 임대	35.9	24.5
701300	주거용 건물임대업 비주거용 건물임대업	○임차부동산의 전대 또는 전전대 에 따른 수입	40.4	5.7
701400	기타 부동산 임대업	○광고용 전담임대 ○광고용 토지임대 포함 ○임목, 조경수 등 임대 포함	10.1	6.6

코드 번호	세세분류	적용범위 기준	단순 경비율	기준 경비율
701501	비주거용 건물임대업 (자기땅)	○「공장 및 광업재단 저당법」제11조에 따라 보존등기된 공장재단의 대여 및 같은 법 제52조에 따라 보존등기된 광업재단의 대여로 인한 수입 ○광업재단대여시 건물과 토지를 함께 임대한 경우 건물에 정착된 토지면적의 3배 이내로 토지포함	47.5	21.1
701502	비주거용 건물임대업 (타인땅)	○「공장 및 광업재단 저당법」제11조에 따라 보존등기된 공장재단의 대여 및 같은 법 제52 조에 따라 보존등기된 광업재단의 대여로 인 한 수입 ○광업재단대여시 건물과 토지를 함께 임대한경우 건물에 정착된 토지면적의 3배 이내로토지포함	58	25.8
701600	무형재산권 임대업	○광업권자·조광권자의 채굴에 관한 권리의 대여로 인한 수입 단,「소득세법 시행령」제101조제2항에 따른 분철료 수입 (→143200)	74.7	21.1
701700	기타부동산 임대업	○묘지를 개발하여 분묘기지권을 설정하고 분묘 설치자로부터 받은 지료 등의 수입	89	21.1
921404	비주거용 건물임대업	○극장대관(연극, 쇼공연, 행사 등을 위하여 극 장을 대관하는 업)	80.7	34.4

※ 임대사업자 세무일정

월	일	구분
1월	25일	부가가치세 확정신고납부
2월	11일	면세사업자 사업장현황신고
	29일	일용직 4분기 지급명세서 신고
4월	25일	부가가치세 고지 납부
5월	1일	일용직 1분기 지급 명세 신고 기한
	31일	종합소득세(양도소득세포함)확정신고 납부 및 지방세 납부
7월	25일	부가가치세 확정신고 납부
	31일	재산세 납부(건축물, 주택의 50%)
		일용직 2분기 지급 명세 신고 기한
9월	30일	종합부동산세 합산배제신청일 재산세 납부(토지, 주택의 50%)
10월	25일	부가가치세 고지 납부
		일용직 3분기 지급 명세 신고 기한
12월	15일	종합부동산세 납부
매달	10일	원천징수분 소득세 납부(인건비 원천징수 신고 납부)
	15일	일용근로자 근로내역 확인서

마치며...

간략한 가이드 북에서 시작한 계획이 E-Book을 거쳐 현재의 책의 형체를 갖기까지 약 1년이 흘렀습니다. 가벼운 마음으로 시작했기 때문에 작업이 즐거웠고, 적어도 몇몇 분들에게는 도움이 될 것이라 확신했기에 뿌듯했습니다. 그러나 여러가지 이유로 책에 담아야 할 내용이 많아졌고, 분량에 따라 작업 시간이 몇 배로 늘어났습니다. 시간 투입이 많아질수록 책 제작에 대한 열정은 줄어들어 갔지만, 아이러니하게 책에 대한 기대는 커져갔고 완벽한 책이 나오기를 바랐습니다. 줄어든 열정과 늘어난 작업 시간의 엇박자는 정리되지 않는 쓰레기들을 대거 탄생시키는 결과로 나아갔습니다. 다행히 적절한 수준에서 되돌아왔고 지금 이렇게 마지막 장을 쓰고 있습니다. 100마디 말도 부족할 것 같던 힘든 시간들이었지만 돌아보니 한 두마디 푸념조차 부끄러운, 책을 쓴다면 당연히 거쳐야만 하는 과정들이었습니다.

이 책을 보시는 독자 대부분은 자본보다는 열정을 가지고 자본가가 되기 위해 부동산 및 각종 투자에 대해 공부하고 계시는 분들 일거라 생각됩니다. 시작의 가득한 열정이 시간의 흐름에 쓸려간 뒤에도, 어려움은 당연한 과정이라 여기며 스스로의 긍정과 기대로 하루하루를 채운다면 결국에는 목표하는 그곳에 도착하게 되실 겁니다.

저 역시도 "부동산 권리분석"이라는 책을 구매한 이후 매우 작은 소형 아파트 한 채를 낙찰받기까지 약 10년이 흘렀습니다. 목표를 향해 도전하는 사람으로써 저와 같은 사람들에게 도움이 되고자 책을 썼습니다. 완벽한 책은 아니지만 자주 찾아보게 되는 동료 같은 책이 되었으면 합니다.

감사합니다.

회계농부 배상

이 도서의 국립중앙도서관 출판예정도서목록(CIP)은 서지정보유통지원시스템 홈페이지(http://seoji.nl.go.kr)와 국가자료공동목록시스템(http://www.nl.go.kr/kolisnet)에서 이용하실 수 있습니다. (CIP제어번호 : CIP2016015439)

임대사업 쉬워진다

1판 1쇄 발행 2016년 6월 30일
1판 2쇄 발행 2016년 8월 15일

지 은 이 | 회계농부
펴 낸 이 | 이병우
펴 낸 곳 | 화담출판사(출판등록 제 406-2011-000050호)
주　　소 | 경기도 파주시 청암로 28
전　　화 | 031-957-3413
팩　　스 | 031-957-3414
메　　일 | hwadambooks@hanmail.net
ISBN 978-89-87835-90-7 (13320)

화담출판사는 세상의 아름다움을 널리 알리는 그릇입니다.
그 아름다움을 함께할 작가를 모십니다.